LA SENTENCIA PROCLAMA.

LA SENTENCIA PROCLAMA.

Restauración del tiempo y de la historia

Juan de Dios Cabral

Número de Control de la Biblioteca del Congreso de EE. UU.:   2018909873
ISBN: Tapa Dura   978-1-5065-2640-9
                   Tapa Blanda   978-1-5065-2639-3
                   Libro Electrónico   978-1-5065-2638-6

Información de la imprenta disponible en la última página.

Fecha de revisión: 06/09/2018

Para realizar pedidos de este libro, contacte con:
Palibrio
1663 Liberty Drive, Suite 200
Bloomington, IN 47403
Gratis desde EE. UU. al 877.407.5847
Gratis desde México al 01.800.288.2243
Gratis desde España al 900.866.949
Desde otro país al +1.812.671.9757
Fax: 01.812.355.1576
ventas@palibrio.com
784010

ÍNDICE

INTRODUCCION GENERAL

LA SENTENCIA PROCLAMA...

TRATADO I: La creación del **Estado Ecológico, Biodiversidad y Medioambiente** cuya misión será; sanear, estabilizar y proteger la Ecología, el Medioambiente y la biodiversidad planetaria.

TRATADO II: Los 10 Acontecimientos inminentes que cambiarán la mentalidad de la humanidad en el transcurrir de los próximos 100 años.

TRATADO III: El establecimiento del primer **Calendario Civil Universal** en sustitución del Calendario Gregoriano (actual) por considerarlo violatorio de los derechos humanos y de una estructura confusa constituyéndose así en un obstáculo para el desarrollo de la inteligencia y el conocimiento de la humanidad. Ademas, que en este se ignoran los principales personajes y acontecimientos que han enaltecido al género humano.

TRATADO IV: <u>La primera demanda judicial Universal</u> contra la Institución denominada; **Iglesia Católica, Apostólica y Romana** por la comisión de más de 20 crímenes masivos cometidos contra la humanidad desde su fundación hasta nuestros días.

TRATADO V: **La justa Restauración del tiempo y de la historia** ya que estos han sido vilmente trastocados y manipulados por más de 6.000 años con el fin de ocultar el verdadero origen de la especie humana lo que se podría considerar como el mayor de los crímenes cometido contra la humanidad.

TRATADO VI: <u>La clausura inmediata de la llamada Era Cristiana</u> ya que hacen 117 años que esta terminó, justo en 1901, por lo que se ha de proclamar cuanto antes **El Ciclo del Conocimiento Científico y Tecnológico** con el fin de que la humanidad se abra paso hacia la nueva Era.

TRATADO-I

CARTA ABIERTA A LAS NACIONES UNIDAS
Extensiva a los Gobiernos del mundo.
A las Organizaciones Ecológicas no Gubernamentales.
A la comunidad Internacional:
Señor Antonio Guterres
Secretario General de las Naciones Unidas.
Señores Embajadores y Delegaciones ante la ONU.

Hoy más que nunca, el mundo se ve amenazado por inesperadas catástrofes naturales que surgen de manera imprevistas en cualquier momento y lugar, catástrofes que a la humanidad no le queda más que observa con asombro e impotencia ya que las mismas desafían toda posibilidad y capacidad humana con que cuenta la ciencia y la tecnología. La humanidad no tiene respuestas frente a los constantes comportamientos erráticos de la naturaleza que de manera inclemente sacuden los cimientos de Ciudades y Naciones, y lo más grave es, que tales anomalías las atribuimos al supuesto calentamiento global o a la voluntad divina. Sin lugar a dudas, dichas convulsiones resultan del desbalance manifiesto que ha experimentado el planeta en las últimas décadas produciendo erráticos cambios climáticos que escapan a los análisis de toda teoría científica.

Señores Embajadores, no es un secreto para nadie el deterioro por el que atraviesa el planeta. Nos preocupa sobre manera el hecho de que no haya un plan global que responda de manera eficaz a las necesidades que demanda el planeta para su estabilización y armonía con el Universo. El futuro del planeta dependerá de una decisión global que vaya más allá de todo interés personal o institucional. Se trata de salvaguardar el bien más esencial con que contamos los seres que cohabitamos en este espacio del Universo y que han de heredar las generaciones futuras.

*Excelentísimos Embajadores, se podrán emitir mil resoluciones declarando; el día mundial del Agua, el día mundial del Árbol, el día mundial de la Ecología, el día mundial del Medioambiente, el día mundial de la Biodiversidad, el día mundial de la Tierra, entre otros, eso no ha sido ni será suficiente para solucionar el problema del deterioro Planetario. Es urgente y necesario que se dicte y proclame una resolución creando un organismo rector independiente cuya misión sea la de rehabilitar y sanear cuanto antes la estructura planetaria. Para tales fines me digno presentar ante ustedes y el mundo mi humilde propuesta de lo que podría ser: **El Estado Ecológico Biodiversidad y Medioambiente** cuyo y único objetivo sería; sanear, cuidar, vigilar, proteger, salvaguardar y preservar la integridad ecológica del Planeta Tierra.*

Si vos así hiciereis, el mundo y las generaciones futuras os recompensareis.

Juan de Dios Cabral
Julio 18 del 2018

Tratado anexo:

TRATADO-I

ESTADO ECOLÓGICO, BIODIVERSIDAD Y MEDIOAMBIENTE-(ECOBIÓM)

ACAPITE 1ro.
DESBALANCE DEL PLANETA:
1-JUSTIFICACION.
2-MOTIVACIONES LOGICAS.

ACAPITE 2do.
DEL ESTADO ECOLOGICO:
1-CONSIDERANDO.
2-DEL NOMBRE DEL ESTADO.
3-DEL LEMA.
4-FILOSOFIA.
5-DE LOS INGRESOS.
6-DE LA EXTRUCTURA EJECUTIVA.
7-DE LOS MINISTERIOS.
8-CONCLUSION.

ACÁPITE 1ro.
DESBALANCE DEL PLANETA

CAUSAS Y CONSECUENCIAS.-

1) JUSTIFICACION:

No es un secreto para nadie, que en los últimos 100 años el planeta ha experimentado cambios climatológicos desproporcionales debido a los múltiples daños ecológicos sufridos en toda su estructura natural, específicamente, por la explotación indiscriminada de los recursos naturales no renovables trayendo como consecuencia; aumento de la contaminación ambiental, debilitamiento de la capa de ozono, disminución masiva de afluentes acuíferos, derretimiento de los glaciares más importantes, especies en vía de extinción entre otros, y lo más grave aún; 1ro. La perdida exorbitante de peso lo que ha hecho que el planeta pierda la estabilidad armónica con el universo y 2do. La incapacidad de recepción de las energías electromagnéticas procedente del Universo debido al deterioro acelerado de las fuentes naturales que atraen dichas energías.

La conservación y preservación de los recursos naturales no renovables es fundamental para la estabilidad energética del planeta, razón por la que estos elementos deben de ser estrictamente protegidos ya que de ellos depende el balance y la armonía del planeta con todo el Universo.

El planeta tierra al igual que todos los demás planetas, es un globo que flota en el espacio y su armonía con el Universo depende de condiciones básicas naturales como las antes señaladas las cuales son generadas y sustentadas por sí mismo.

Para que el planeta pueda contar con un balance normal deberá tener: 1ro) un peso específico y constante el cual se auto crea acorde con las leyes que rigen el universo y 2do) suficiente capacidad electromagnética que le permita la atracción de las energías procedentes de todo el cosmos; si estos elementos por alguna razón se debilitan lo más lógico es que el planeta comience a perder balance y armonía con el Universo. Estamos totalmente seguros de que ambos elementos se han ido deteriorando en muy poco tiempo, precisamente por el deterioro masivo de los recursos naturales no renovables siendo estos la fuente principal para el balance armónico del planeta con el conjunto universal.

Cada planeta está situado justamente en su justo lugar, ni un grado más, ni un grado menos, al tiempo que las leyes que regulan tal armonía lo van proveyendo de los elementos esenciales para asegurar su permanencia y estabilidad en el punto exacto correspondiente, elementos como: agua, oxigeno, vegetación, biodiversidad, minerales y carburantes entre otros. Cada uno de estos desempeña una función básica en la estructura orgánica, biofísica, energética y magnética del planeta las cuales Constituyen la principal fuente de nutrición del cuerpo planetario proveyéndolo de las energías básicas necesarias para su auto vitalización.

Los científicos debieran analizar con mayor profundidad todo aquello que esté relacionado con el elevado peso que ha ido perdiendo el planeta en los últimos cien (100) años. Peso que el planeta se ha ido auto construyendo paulatinamente durante miles de trillones de años acorde con las leyes que lo armonizan con el Universo.

Es probable que los humanos desconozcamos esta realidad ya que nunca nadie ha hablado de esto como algo fundamental y que pudiera ser la causa principal del desbalance que experimenta el planeta hoy día cuyo resultado se manifiesta en los erráticos cambios climáticos.

Queramos reconocerlo o no, hemos alterado significativamente el orden natural del planeta y de forma acelerada e indiscriminada, lo que constituye un riesgo inminente para la estabilidad y supervivencia del mismo.

Esta es una situación de suma gravedad, y tal parece que los científicos desconocen o quizás tratan de ignorar por alguna razón. Ellos (los científicos) nunca se han referido a este problema como algo fundamental, ni siquiera como posible causa real de eso que se llama "Cambio climático." Lo cierto es que se está generando todo un estado de convulsión a lo largo y ancho del planeta dejando como resultado unas series de fenómenos naturales inusuales.

Si existe calentamiento global es porque precisamente ha sido producido por algo que sobrepasa la capacidad de las energías naturales producidas por el planeta.

No incurramos en la ignorancia de atribuir estos fenómenos a supuestos designios divinos, o, a determinismos apocalípticos, o, a anuncios insensatos de manipulación profética. Esta situación tiene un nombre que se llama: **depredación masiva e indiscriminada de la ecología planetaria.**

Hoy se habla de contaminación, de agujeros negros, de calentamiento global, del derretimiento de los grandes glaciares, de los cambios climáticos entre otros, pero no se habla de las causas fundamentales que provocan todo este desorden planetario.

Las principales causas del desbalance planetario podrían ser: **la pérdida masiva de peso y la pérdida de capacidad para que el planeta pueda atraer las energías magnéticas procedentes del universo.**

Por lo que parece, los científicos se sienten acorralados ya que solo hacen anuncio de lo que pudiera pasar, pero no hay un plan serio que contribuya a evitar futuras catástrofes. Es decir, no tienen repuestas concretas frente a los grandes cambios que de repente se están generando en toda la geografía planetaria, por ejemplo: variación climatológica, sequias sin precedentes, desaparición masiva de los acuíferos, grandes inundaciones, actividad sísmica y volcánica, y las nuevas modalidades de los tsunamis y los socavones o grandes hundimientos.

Todo esto ocurre por las razones que hemos señalado y que todos conocemos, no es cuestión de mitología como algunos quieren interpretar. Se trata de una realidad que estamos provocando los humanos, precisamente con la destrucción masiva de los recursos naturales no renovables. Lamentablemente, todo se está dejando a la suerte y al destino. El daño al planeta es tan grave que los diagnósticos científicos se quedan sumamente cortos frente a tal realidad ya que dichos diagnósticos solo se centran en anuncios sin repuestas concretas.

A pesar de los planteamientos teóricos y conclusiones científicas, muy poco o nada se está haciendo para encontrar las causas reales de todo este deterioro y desorden planetario. Parece que los científicos han preferido concentrarse más en el espacio exterior, que por cierto, si algún planeta de los tantos que nos rodean tiene algún problema, tengamos por seguro que su solución no estará a nuestro alcance, por lo menos en estos próximos dos mil años.

Todos sabemos de las inversiones billonarias que se están haciendo simplemente para meras exploraciones espaciales solo con el fin de confirmar si allí en algún planeta existió o no vida, mientras que aquí el planeta se deteriora velozmente sin que nadie se preocupe seriamente por las causas fundamentales de tal deterioro. En cuestiones ecológicas y medioambiente solo contamos con el esfuerzo de algunas organizaciones ecologistas y medioambientalistas, que por cierto tienen que mendigar unos cuantos dólares para poder realizar mínimamente algunos proyectos en favor del planeta. Es una paradoja pero es la realidad.

Se demanda de un programa inmediato de acción combinada entre todos los gobiernos, la comunidad científica, asociaciones ecológicas y de medioambiente y organismos internacionales. No se trata de cualquier situación, se trata de la preservación del planeta que es lo más fundamental y sagrado que nos ha sido dado

por el Universo. Sin él sería imposible la existencia no solo de la humanidad, sino, de la biodiversidad en general.

Se ha de preservar la estabilidad armónica del planeta cueste lo que cueste y por encima de quien sea y pésele a quien le pese ya que sin él no habrá nada, ni siquiera posibilidad de vida en cientos de miles de años. Señores científicos, estamos señalando una realidad matemática y por supuesto de carácter lógico, es asunto serio, más serio de lo que nos imaginamos. (Repito) todos los cambios que se están experimentando obedecen; a la pérdida excesiva de peso y la pérdida masiva de recursos naturales no renovables constituyen las fuentes básicas de las energías magnéticas que vitalizan al planeta.

Tanto la cantidad de peso como las energías electromagnéticas del planeta han sido liberadas en un periodo de tiempo relativamente corto, estos dos elementos son básicos para el equilibrio y la estabilidad térmica del planeta. En unos pocos años le hemos consumido al planeta el peso que este se construyó durante miles de trillones de años al tiempo que lo hemos desprotegido de las energías naturales que lo vitalizan.

Ahora bien, veamos algunas estadísticas oficiales que hablan por sí solas. No se trata de millones de toneladas de meteoritos imaginarios cayendo diariamente como lluvias desde el espacio como piensan algunos de manera ingenua, ni se trata de erupciones solares, ni de la explosión de supernova a una distancia de miles de millones de años luz de la tierra. El problema no está allá afuera, el problema está aquí aunque por ciertas circunstancias tratemos de ignorar.

Me permito mostrar los siguientes datos:

Según la tabla de consumo de barriles de petróleo por día en todo el mundo correspondiente al año 2013 ascendió a unos 89.860.000, ochenta y nueve millones ochocientos sesenta mil barriles diarios. https:// es.m.wikipedia.org>wiki>An... Cifra que continúa en aumento.

De acuerdo a estas cifras, en los últimos 100 años el planeta ha perdido un peso aproximado de 15 millones de toneladas por día, o sea, que en 24 horas el planeta pierde una cantidad de peso que probablemente tardó trillones de millones de años para construírselo. Si multiplicamos esta cantidad por 365 días estaremos hablando de: **15. 000.000 X 365 = 5, 475, 000, 000** cinco billones cuatrocientos setentaicinco mil millones de toneladas en tan solo un año.

¿Acaso señores, no es esto demasiada pérdida de peso en un periodo de tiempo relativamente corto?

Si multiplicamos esta cantidad por 100 años, los resultados serían asombrosos y alarmantes.

Veamos:

5.475. 000. 000 X 100 = <u>547,500, 000, 000.</u> Quinientos cuarentaisiete mil billones, quinientos mil millones de toneladas en tan solo 100 años. A dicha cantidad réstenosle un 2% que sería lo máximo que se podría evaporar y que luego regresaría a la tierra, más un 18% en derivados que se usarían en otras utilidades, mientras que el otro 80% se diluye y no se recuperará jamás. A esto sumémosle los altos niveles de contaminación ambiental, las fallas sismológicas, la actividad Tsunamica, la destrucción de la capa de ozono, las constantes erupciones volcánicas, los socavones o hundimientos de grandes extensiones de terreno en diversas partes del mundo, los daños irreparables a la ecología, y lo más grave de todo, la pérdida de peso específico más la incapacidad de recepción magnética del planeta por la pérdida masiva de las reservas térmicas naturales. Resultado final: <u>desbalance armónico del planeta con el Universo.</u>

Nota: estamos partiendo de los últimos 100 años ya que es a partir de aquí que venimos explotando masivamente los recursos naturales no renovables.

Señores científicos:

Por qué ocultar estas realidades si es aquí realmente donde radican las verdaderas causas del desbalance planetario, o sea, eso que ustedes suelen llamar, cambio climático y calentamiento global.

¿Acaso no es esto suficiente para que el planeta se desestabilice y pierda su ritmo armónico y su equilibrio normal con el universo?

No disponemos de un mapa que nos indique las coordenadas interplanetarias con el cual podríamos medir y luego determinar en qué punto fijo del Universo debería estar el planeta. por lógica tenemos que deducir que el planeta no está solo en el Universo, por lo que este está sujeto a un orden existente en el conglomerado planetario en que todos los existentes guardan íntima relación entre sí y que por tanto, ninguno es auto suficiente por sí mismo, sino, que su estabilidad, vibración y vitalidad depende de un ordenamiento cósmico en el que una simple alteración en uno de los existentes (planetas) podría producir una alteración considerable en el ordenamiento universal, especialmente en la Galaxia a la que pertenecemos.

La pérdida excesiva de peso y la pérdida masiva de capacidad electromagnética es más que suficientes para que se produzcan cambios y situaciones catastróficas en el planeta tierra lo cual altera sensiblemente su ordenamiento.

Puedo afirmar con toda propiedad que si existe contaminación, debilitamiento de la capa de ozono, agujeros negros, cambio climático y calentamiento global, se debe específicamente a los efectos causados por el deterioro de los elementos señalados anteriormente, o sea, la pérdida de peso real y la pérdida de capacidad de atracción magnética que sin duda alguna son las principales causas del desbalance del planeta.

Es urgente que se busquen fuentes energéticas alternativas en sustitución de las fuentes de energías tradicionales antes de que sea tarde y así evitaremos la destrucción ecológica, la contaminación ambiental, el daño a la capa de ozono, los cambios climáticos, los supuestos agujeros negros y el calentamiento global. El asunto es delicado, quizás más de lo que nos imaginamos. No es un secreto que el planeta está en vía de experimentar una gran catástrofe que conllevaría la extinción total de la vida sobre la fas de la tierra, y es muy probable, **(léase entre líneas)** que esto esté preocupando a otras civilizaciones del Universo cercano, ya que un colapso del planeta tierra podría afectar sensiblemente todo el sistema de energía electromagnética de la galaxia y quizás más allá de la vía latea. **(Repito y léase bien).** Es muy posible que algunas civilizaciones nos estén monitoreando muy de cerca y que lo estén haciendo desde hace mucho tiempo ya que su nivel tecnológico le permite tener un conocimiento acabado de todo el funcionamiento del sistema solar. Probablemente ellos tengan un mapa del planeta para medir las frecuencias vibratorias del mismo lo que le permite saber con toda certeza, cuándo y dónde sucederá un acontecimiento natural de gran magnitud. No es al azar que casi siempre aparecen donde quiera que está sucediendo un acontecimiento natural importante, especialmente, en las erupciones volcánicas, como también en algunos Tsunamis. Es probable que ellos estén presentes en algunos otros acontecimientos, tales como terremotos y ciclones, pero que por el pánico colectivo que estos produce nadie está atento a lo que pasa arriba en el espacio en el momento del hecho. <u>Véase redes sociales.</u>

Apariciones de naves desconocidas en eventos naturales **En el Tsunami de Japón luego del terremoto. En la erupción del Volcán Calbuco en Chile. En la erupción del volcán Sangeang Api. Indonesia. En el volcán Popocatépetl, México. En la erupción del volcán Arenal, Costa Rica. En la erupción del volcán Turrialba, Costa Rica. En la erupción del volcán Galera, Colombia.**

En la erupción del volcán Colima, México. Volcán Japonés, Japón. En el volcán Villarrica, Chile. En la erupción del volcán Sakurajima, Kagoshima Japón. Erupción del volcán de San Miguel, El Salvador. Entre otras tantas apariciones.

Esto no es simple coincidencia. En el lenguaje nuestro se llama: monitoreo, vigilancia, seguimiento, atención, precaución o ponga usted el sinónimo o calificativo que crea más adecuado. Esto no es un invento de quien les habla, ahí están las evidencias.

Según se cree, en los últimos tiempos se están dando más de 1,000 avistamientos por año de naves desconocidas, lo que significa que tenemos una presencia masiva de otras civilizaciones en los alrededores del planeta. Estamos hablando de la presencia de unas tres naves de procedencia totalmente desconocida que rondan el planeta diariamente. Esta es una realidad la cual no podemos negar ni mucho menos ignorar.

Esto no es simple ficción, son seres humanos de carne y hueso como nosotros que con algún fin nos visitan. No podemos ni debemos hacernos los tontos con el fin de ignorar esta realidad.

En el libro titulado "NI CREACION NI EVOLUCION" señalo lo siguiente, cito:

"lo más probable es, que sus visitas sean con objetivos diferentes; uno podría ser, la investigación sobre todo lo concerniente al sistema atmosférico, otro podría ser, sobre todo lo relacionado con la naturaleza y ecosistema, otro podría estar orientado al estudio de los componentes de la biología humana y animal, mientras que otro podría estar dirigido a todo lo relacionado con el conocimiento tecnológico y científico de la humanidad. También podrían estar evaluando los posibles riesgos que sufriría toda la galaxia solar en el caso de que ocurriere una catástrofe en el planeta tierra." p.78 párr.3. "Podemos estar plenamente seguros que sus visitas no son con fines de negocios ni mucho menos con fines turísticos." Párr. 2.

Tengo la absoluta convicción de que si no tomamos las medidas ecológicas necesarias en favor de la preservación del planeta, otras civilizaciones del Universo podrían intensificar su presencia en los alrededores del mismo y en su momento tomaran acciones concretas con el fin de evitar una catástrofe planetaria que pudiera tener repercusiones de consecuencias galácticas impredecibles. No olvidemos que en el pasado existieron civilizaciones más desarrolladas que la nuestra y que por circunstancias desconocidas desaparecieron.

Es probable que el Planeta tierra este girando fuera de su campo gravitacional razón por la cual están sucediendo tantas anomalías ya que la pérdida de su fuerza vital no le permite armonizar con normalidad con el Universo. Todo esto hace que se intensifique aún más la actividad de catástrofes naturales en todos los órdenes a lo largo y ancho del Planeta.

De suceder una eventualidad planetaria, todo el sistema de la Vía Latea resultaría gravemente afectado y quizás otras civilizaciones del Universo cercano no van a permitir que esto suceda.

Para que tengamos una idea de las incidencias que tienen los demás planetas con el nuestro, veamos un ejemplo sencillo, los cambios lunares:

A pesar de que la ciencia no considera la Luna como un planeta como tal aunque quizás no deje de serlo, no es menos cierto que los cambios lunares afectan de manera determinante el comportamiento de toda la naturaleza del planeta tierra haciéndola vibrar y variar notablemente de acuerdo a cada fase lunar, o sea, que tales cambios nos indican que existe una estrecha conexión de un determinado planeta con los demás. Los cambios lunares influyen de manera determinante en la conducta humana de manera tal que hasta provocan cierta alteración biológica y emocional en el comportamiento de los seres humanos. Tales cambios intervienen también de manera directa en los animales y en la vegetación. Dichos cambios tienen efectos notables en algunos individuos en particular sin que muchas veces nos demos cuenta, solo basta con observar el comportamiento de aquellas personas que padecen de enfermedades mentales, su comportamiento varía en cada fase lunar, es decir, hay una alteración notable en la conducta de estos individuos. También tienen una gran repercusión en la biología femenina ya que tienden a producir ciertas alteraciones biológicas como emocionales en la mujer, especialmente, antes y durante su periodo menstrual especialmente cuando coincide con el cambio de luna nueva. Del mismo modo, dichos cambios inciden de manera determinante en la vegetación, arbustos frutales y producción agrícolas en general, por lo general no nos damos cuenta de este fenómeno ya que nos hemos aferrado a los experimentos biogenéticos dejando a un lado las leyes naturales que rigen e inciden de manera determinante en los acontecimientos cotidianos que nos rodean.

Si lo duda pregunte a un productor agrícola, ¿Cuáles son los tiempos lunares más propicios para el cultivo y cuáles los menos indicados?

Independientemente de que la Luna sea un planeta habitable o no, o una estructura Satelital, o un mega laboratorio artificial de inseminación e hibridación, o una base estratégica de otras civilizaciones en esta área del universo para desde allí vigilar a toda la Galaxia solar, no es menos cierto que es un cuerpo celeste determinante para el equilibrio electromagnético de la tierra. Lo cierto es, que su función resulta vital para la vida. La Luna es un cuerpo regulador de las energías básicas que vienen dirigidas a la tierra, especialmente, aquellas que proceden del Sol, y, no dudo que este (el Sol) sea también una estructura artificial creada en este lugar del Universo como fuente y sostén de la vida en toda la galaxia. Estoy seguro de que este (el Sol) no es una hoguera de fuego ardiente como se ha pensado. El fuego todo lo consume, más si arde permanentemente en sí mismo. Por tanto, el Sol ya no debiera de existir. Estas estructuras o cuerpos celestes no están ahí por pura coincidencia, ni mucho menos para embellecer el firmamento, ni para servir de fuentes de inspiración a los poetas y filósofos, ni siquiera existen por casualidad. Están ahí porque tienen una función energética específica en el conglomerado planetario. Que nunca nadie atente contra la Luna ya que quien así lo hiciere estaría poniendo en peligro inminente la vida en toda la galaxia solar y de manera particular en el planeta Tierra

¿De qué modo podrían los científicos demostrar el origen de las diversas variedades que existen dentro de las diferentes especies, ya sea animal o vegetal sin que estas no hayan pasado por un proceso altamente sofisticado de alta tecnología? Nada de eso ocurre por accidente de la Naturaleza. Alguien los hizo en algún lugar fuera del planeta tierra.

Los planetas son interdependientes entre sí sin importar la distancia y ubicación, por tanto, lo que pasa aquí o allá repercute en todo el Universo. Por ejemplo: el comportamiento (alteración) del Sol repercute directamente en toda la Galaxia. Cuando el este aumenta o baja su actividad térmica de inmediato se refleja en la tierra, esto significa que el sistema planetario es interdependiente. Si el sol paralizara su actividad solo por un instante, el planeta tierra y todos los demás planetas del área se convertirían en témpanos de hielo y no quedaría ni siquiera halito de vida sobre la superficie de ninguno de los planetas de la Galaxia solar. Cada cuerpo planetario tiene su propia función en el cosmos o conjunto universal. Dada esta correlación interplanetaria, no es extraño el que otras civilizaciones permanezcan vigilantes y atentas por lo que pudiera suceder en este planeta.

Es muy probable que el planeta tierra sea un polo magnético dentro de las coordenadas del Universo cercano, colocado en un punto estratégico de la galaxia solar constituyendo así en el equilibrio fundamental para la armonización y vitalización de esta área del Universo. No podemos negar que conocemos muy poco de las fuerzas magnéticas que rigen y armonizan el Universo y esto lo podremos comprobar en el futuro cuando nuestra tecnología esté en capacidad para hacer mediciones de los fenómenos que inciden e interactúan de manera concreta en la estabilización del sistema interplanetario. Por ahora nuestra tecnología apenas comienza. Es una tecnología naciente la cual no nos permite ni siquiera predecir con eficiencia y exactitud fenómenos tan simples como por ejemplo; cuándo y dónde se va a producir un terremoto, un huracán, un Tsunami o un socavón entre otros, aun menos, la dimensión y magnitud de tal fenómeno. No tenemos las condiciones tecnológicas necesarias para determinar, por qué se producen tales fenómenos. Desconocemos las fuerzas magnéticas que intervienen en dichos acontecimientos, y aun más, ignoramos algo tan simple como son: las fuerzas que interactúan impidiendo toda penetración en el triángulo de Las bermudas.

Hoy se están invirtiendo billones de dólares en exploraciones espaciales mientras que las organizaciones de voluntariado ecologistas y de medioambiente se ven en la necesidad de mendigar pírricas donaciones para poder llevar a cabo proyectos mínimos de protección a la ecología y al medioambiente, y yo pregunto:

¿Para qué sirve conocer el Universo profundo si primero no salvamos ni lo más elemental de nuestro planeta?

¿Qué repuestas lógicas le estamos buscando al problema de las fallas de los glaciares Canadienses que se espera que en los próximos 100 años hayan colapsado en más de un 90%? www.rtve.es.>...Ciencia

Resulta extraño que regiones completas del planeta están experimentando escasez masiva de agua potable ya que las mayorías de los Ríos han perdido más del 50% de su caudal convirtiéndose en pequeños arroyuelos. Todo esto pasa desapercibido puesto que no existe un organismo que se encargue de hacer un levantamiento de la situación ecológica a nivel de todo el planeta y luego diseñar y plantear soluciones concretas al problema planetario. Por lo general, tanto los políticos, los científicos como los grandes emporios económicos del mundo se la pasan distraídos en el espacio exterior investigando las causas del origen del Universo, la posible existencia de vida en Marte y otros planetas y definiendo el origen de los agujeros de gusano y los agujeros negros, y lo peor, haciendo abstracción sobre la existencia de una estrella gigante llamada súper nova que hizo explosión (no sé cuándo) convirtiéndose en un súper monstruo devorador del universo, atreviéndose a predecir que en menos de 100 años dicha estrella destruirá al planeta tierra. (Paradoja de la vida) que una simple estrella sea capaz de tragarse todo el Universo.

Si se sabe tanto sobre los acontecimientos que están sucediendo en el Universo profundo ¿Por qué desconocemos las verdaderas causas de los acontecimientos que de manera imprevista acontecen en nuestro planeta?

¿Por qué no hemos podido determinar las causas reales del cambio climático y el calentamiento global?

Es probable que los científicos se estén distrayendo más en asuntos espaciales porque creen que ya aquí no hay nada más que se pueda hacer. Quizás sea esta la razón por la que estén buscando otras posibilidades en el espacio interestelar ya que no contamos con las herramientas tecnológicas necesarias para determinar las causas por la cual el planeta está cambiando repentinamente. Sin dudas que esto podría estar creando cierta ansiedad en algunos círculos científicos. Creo que tienen razón porque lamentablemente carecemos de una estructura satelital lo suficientemente capaz como para medir la correlación magnética interplanetaria y la interacción de las frecuencias vibratoria que interactúan de manera directa en todo el sistema de la vía latea.

Debemos de detenernos a pensar solo un minuto, qué tipo de planeta estamos construyendo para el futuro, si es que el mismo sobrevive a la devastación, depredación y descalabro voraz a la que está siendo sometido de manera indiscriminada. Recordemos que el planeta es un globo que flota en el espacio y que para mantener su equilibrio con el Universo es necesario y fundamental que mantenga el peso que se ha ido creando paulatinamente por tiempo indefinido.

Por qué los científicos en vez de estar haciendo predicciones de posibles catástrofes futuras, no se ponen a buscar soluciones inmediatas y luego presionar a los gobiernos para que estos implementen políticas serias y eficaces en sus respectivas jurisdicciones para así evitar que sucedan catástrofes impredecibles.

A algunos nos fascinan las predicciones de terror, las premoniciones catastróficas, los anuncios sensacionalistas sobre acontecimientos desconocidos, es decir, las famosas profecías o adivinaciones sobre el final de los tiempos, eso realmente es excitante e impresionante. Eso resulta fascinante. Es más fácil predecir que asumir compromisos serios y responsables. ¿O me equivoco?

A nadie, absolutamente a nadie se le ha dado el poder para predecir el futuro, lo que si se nos ha dado es, la gracia de construir un planeta habitable tanto para el presente como para las generaciones futuras, esa debiera de ser la gran profecía a la que todos debiéramos aspirar.

Ninguno de esos profetas insensatos tonto del pasado como del presente se ha atrevido a profetizar sobre las soluciones concretas que hay que darle a los problemas que afectan o podrían afectar la estabilidad del planeta en los días venideros, ellos solo se quedan en meros anuncios fantásticos, fatalistas y aterrorizantes para de ese modo manipular a su favor la ignorancia colectiva.

¿Por qué será que todos los profetas sin excepción, en sus visiones solo han visto destrucción y catástrofes y ninguno ha sido capaz de profetizar sobre los avances que ha tenido y ha de tener la humanidad en el futuro?

El planeta no va a colapsar y estoy totalmente seguro de eso. Si nosotros no somos capaces de salvarlo otros vendrán de más allá y lo harán por nosotros aunque tengan que aniquilar todo halito de vida que habite sobre la fas de la tierra, de la misma manera que pudo haber pasado en épocas remotas con civilizaciones más avanzadas que la nuestra. Ahí están las evidencias dispersas en todo el planeta, ciudades y monumentos sepultados bajo tierra, bajo los océanos, bajo los desiertos y bajo las montañas que ni los mismos científicos le encuentran explicación.

Indiscutiblemente, la vida desapareció antes que existiera el tipo de humano que conocemos hoy, ya fuera por una catástrofe global de la naturaleza (colisión de meteorito) o por alguna intervención directa de otras civilizaciones del Universo cuyo objetivo no era más, que preservar el planeta para evitar que se convirtiera en un fósil espacial.

El planeta pierde balance aceleradamente y las principales causas podrían ser: la pérdida masiva de peso y la pérdida excesiva de capacidad térmica; factores básicos para que el planeta se mantenga armonizado con las coordenadas que lo hacen interactuar con el Universo.

El planeta es un globo que flota en el espacio y para mantener su equilibrio normal necesita un peso específico el cual se va auto construyendo de acuerdo a las leyes que lo regulan y lo armonizan con todo el Universo. Eso por una parte, mientras que por otro lado, sabemos que los recursos naturales que yacen en las entrañas de la tierra desempeñan una función básica en la termodinámica del planeta. Tales recursos representan un peso y al mismo tiempo una fuerza electromagnética que regula toda la fuerza de gravedad térmica que requiere el planeta, pero 80% de estos elementos son incinerados convirtiéndose prácticamente en nada. Dichos carburantes desempeñan una función electromagnética básica para el planeta que le permite atraer del Universo las energías magnéticas necesarias las cuales actúan como agentes reguladores de la termodinámica que debe conservar el planeta. En la medida en que dichas energías son reducidas, en esas mismas medidas el planeta pierde vitalidad. Es muy posible que con la desestabilización del planeta estemos precipitando una inminente intervención de otras civilizaciones procedentes del Universo cercano.

Es evidente que en las últimas décadas el planeta ha sido desprovisto de su capacidad de recepción magnética, de tal modo, que ha perdido significativamente su balance y estabilidad armónica con el Universo trayendo como consecuencia el desequilibrio climatológico.

No existe en el planeta ningún componente que este demás, todos y cada uno tiene una función específica: el agua, el oxígeno, los carburantes entre otros y actúan como estabilizadores naturales. Explotarlos de manera indiscriminada es llevar al planeta a una catástrofe irreversible. Tal acción, sea consciente o inconsciente es un grave crimen contra la biodiversidad futura del planeta, contra la humanidad y contra el Universo.

Cada cosa en su lugar y en su lugar cada cosa. Ejemplo: el Oxigeno con todas sus propiedades es la fuente vitalizadora de todo cuanto existe en el planeta y su entorno. El agua con todos sus componentes orgánicos es esencial para todo tipo de vida tanto en la superficie como en lo más profundo de los Océanos. Las aguas circulan en tres niveles diferentes: en la profundidad de la tierra, en la superficie y en la atmosfera, mientras que los carburantes permanecen en la profundidad del planeta creando el equilibrio electromagnético que necesita el planeta para armonizarse con todo el Universo. Estos tres elementos: Oxigeno, Agua y Carburantes están estrechamente enlazados entre sí como una y única unidad constituyéndose en las fuentes energéticas que vitalizan al planeta. Cuando uno de estos elementos se debilita automáticamente falla todo el conjunto, pues sin ellos el planeta perdería su armonía con el Universo. Estos tres elementos son esenciales para la vida y ninguno de ellos actúa sin la presencia de los demás aunque parezcan estar separados. Destruir uno de estos componentes es desestabilizar totalmente al planeta.

La destrucción masiva de los recursos naturales no renovables nos está llevando a un descalabro ecológico sin precedente cuyos resultados se manifiestan en el debilitamiento atmosférico y la desaparición de una gran parte de los caudales acuíferos en todo el mundo. No es un secreto para nadie el que ya se está experimentando escasez de agua y de alimentos en diversas regiones del planeta fruto de los severos e inesperados cambios climáticos producidos en los últimos años los cuales han afectado profundamente toda la estructura planetaria.

Razón básica: <u>destrucción masiva de los componentes básicos que proporcionan el balance y el equilibrio energético y electromagnético del planeta.</u>

El planeta está languideciendo velozmente, pero el gran problema es, que todo este desequilibrio se lo estamos atribuyendo a la contaminación, al debilitamiento de la capa de ozono, a los agujeros negros y al calentamiento global, y pueda que esto sea verdad, pero no es toda la verdad, **la Verdad de las verdades es; la excesiva pérdida de peso y la pérdida masiva de capacidad de recepción magnética que pierde diariamente el planeta y es precisamente esa la causa de la variación errática climatológica y el llamado calentamiento global.**

La fragilidad del planeta es tan profunda que algunos científicos suponen que el terremoto de NEPAL de abril del 2015 tuvo efectos de tal magnitud que afectó significativamente la superficie del planeta. Ellos creen que el monte Everest sufrió desequilibrios significativos. <u>https://es.m.wikipedia. org>wiki>Ter</u>...

La noticia no es para quedarse dormido ni en los meros análisis de los hechos. Se demanda de acciones contundentes que determinen las causas que están provocando estos eventos y al mismo tiempo se den soluciones concretas.

No es justo que el planeta este pasando por situaciones de desequilibrio climatológico habiendo otras alternativas energéticas que se pueden eficientizar y así evitar la depredación masiva de este por personas desaprensivas, indolentes, insensatas, inescrupulosas, avariciosas, codiciosas y hedonistas que salvajemente ponen en peligro la estabilidad armónica y la integridad del planeta. Tengamos bien presente, que el planeta además de ser un bien común, es patrimonio absoluto del Universo.

Yo me pregunto: con qué derecho se destruye al planeta en favor de unos pocos siendo este un bien que corresponde transitoriamente a todos los seres vivientes y que frente a tal situación no aparece ni gobiernos, ni Institución, ni leyes, capaces de asumir con responsabilidad la defensa del planeta cueste lo que cueste. Existen formas de como producir masivamente las energías necesarias sin que haya que destruir las principales fuentes energéticas y magnéticas del planeta. Por supuesto que las hay.

Esta es la casa de todos y aquí deberán habitar también las infinitas generaciones venideras. El planeta no fue, ni es, ni será jamás propiedad de nadie; fue, es y será patrimonio absoluto del Universo. No somos más que habitantes transitorios de este mundo.

El planeta es nuestra nacionalidad Universal, no importa en qué lugar hayamos nacido. Nos asiste el derecho natural y el deber moral los cuales nos comprometen a velar por la integridad del mismo, es decir; cuidarlo, defenderlo, protegerlo y respetarlo ya que este es nuestro planeta no otro. Ni rey, ni príncipe, ni Monarca, ni Ministro, ni Presidente, ni siquiera faraón o Emperador alguno que surgiere de nuevo, podría arrebatarnos tales derechos, porque nadie, absolutamente nadie es más dueño que nadie

del planeta. Somos ciudadanos del mundo sea cual sea la circunstancia. Las fronteras que nos separan como especie no son más que límites geopolíticos circunstanciales, pero que jamás podrán estar por encima de los más sublimes intereses del supremo bien común que es el planeta, el cual no tiene ni tendrá jamás en sí mismo límites fronterizos algunos.

Es urgente que se busquen alternativas energéticas que contribuyan con la preservación del planeta. energías limpias de consumo masivo, libre de agentes contaminantes. Energías que no dañen el medioambiente, que no pongan en peligro la capa de ozono y que no produzcan agujeros negros. Esto requiere de la reinversión de las energías vigentes y la implementación de sistemas tecnológicos que respondan con eficiencia a las exigencias que demandan los nuevos tiempos. Hay que preservar la armonía y estabilidad del planeta por encima de todo.

El planeta existirá sobre todas las cosas, lo que podría estar en eminente peligro es nuestra civilización como especie ya que en un futuro no muy lejano, nuestra civilización podría ser totalmente aniquila, del mismo modo que pudo haber pasado con civilizaciones antiguas, específicamente aquellas que dejaron como muestra un gran legado de construcciones monumentales las cuales se han constituido en incógnitas para las generaciones modernas. Monumentos que no fueron construidos por el hombre del Cromañón o por el hombre de la Era de Piedra ni por Adán y sus descendientes, sino, que fueron construidas por civilizaciones con una capacidad y una tecnología superior a la nuestra.

Parece que alguien fuera de este mundo le preocupa la estabilidad del planeta. Con esto no me estoy adelantando, sino más bien, haciendo un simple ejercicio de interpretación sobre la actividad de naves desconocidas que permanentemente están entrando en los alrededores del planeta. Salvar el planeta es lo primero ya que esta es la morada de todos, es también la morada de las generaciones futuras que deberán heredar un planeta habitable.

Con relación al fenómeno contaminación es necesario destacar lo siguiente: es probable que los efectos producidos por la alta proliferación de contaminantes se esparza por toda la atmosfera haciendo que esto resulte más grave de lo que nos imaginamos ya que dichos contaminantes se constituyen en un manto o cortina atmosférica lo cual podría impedir que las energías magnéticas que recibe el planeta proveniente de diferentes puntos del Universo no puedan penetrar y fluir libremente en toda la estructura planetaria.

El planeta es un polo magnético que se nutre y complementa de las energías que le vienen del exterior: las asimilas, las procesa y las emite de nuevo al universo cargadas de magnetismo a través de las hondas magnéticas, si dichas hondas se debilitan al entrar a la atmosfera por cualquier obstáculo, del mismo modo esas energías van a ser emitidas al Universo. Es muy probable que esta sea una de las causas principales por lo que se estén produciendo esos extraños e inusuales cambios climáticos a lo largo y ancho de todo el planeta. No es momento para concentrar tantos esfuerzos en la búsqueda de agujeros negros solo con el fin de demostrar lo indemostrable, o con la intención de centrar un debate sobre el supuesto origen del Universo con el objetivo de reafirmar la teoría del BIG BANG, que por cierto es una teoría fallida ya que esta no es más que otra falacia para distraer la ignorancia colectiva. Qué penas que estemos distraídos y preocupados por el más allá, mientras nos despreocupamos de la realidad que afecta profundamente el más acá y ni siquiera buscamos soluciones a los peligros inminentes que amenazan la integridad del planeta.

No entiendo por qué se pierde tanto tiempo y se invierten cuantiosos recursos en exploraciones espaciales extemporáneas solo con el fin de demostrar si otros planetas tiemblan al igual que el nuestro, o en demostrar los posibles movimientos de la supuesta placa tectónica la cual es una teoría sin lógica. Y lo peor; justificar que el Universo surgió de una supuesta explosión, o si la explosión de una estrella produce un agujero negro, o que la explosión de la estrella supernova se está tragando al Universo, o la falsa predicción de que en el sol podría ocurrir una gran explosión la cual provocaría varios días de oscuridad en la tierra. Creo que debemos preocuparnos e ir a cosas más concretas y de mayor interés para el planeta y la humanidad y dejar de lado las apologías de predicciones fatalistas.

Yo me pregunto; si aún no tenemos la suficiente capacidad tecnológica que nos permita explorar la Antártida y determinar la impenetrabilidad del triángulo de Las Bermudas, ni conocer siquiera las profundidades de nuestros Océanos ¿Cuál es el interés de andar navegando en el espacio profundo tratando de encontrar lo extraordinario si ni siquiera conocemos una cuarta parte de nuestro planeta?

Si contamos con tecnologías tan avanzadas que nos permiten explorar otros mundos desconocidos, por qué no las utilizamos para explorar aquellos lugares incognitos de nuestro planeta?

Si no podemos predecir terremotos y tsunamis entre otros eventos que suceden con frecuencia en nuestro planeta ¿Cómo es posible que tengamos la capacidad para determinar eventos que sucederán en el universo profundo en tiempo futuro?

Debemos centrar toda nuestra atención en la salud del Planeta comenzando por la ecología, biodiversidad y medioambiente.

Reitero, no es posible que toda la contaminación esparcida por el mundo haya perforado la capa de ozono produciendo así el llamado calentamiento global. No es posible que esto suceda. Lo más lógico es, que un manto o cortina de contención causado por la contaminación haya debilitado la atmosfera contribuyendo así a que el flujo de las energías magnéticas provenientes del Universo no puedan entrar con normalidad en el espacio terrestre. Es posible que la alteración de la atmosfera sea una de las causas principales del cambio climático ya que al esta degenerarse, el planeta pierda su capacidad para asimilar e intercambiar dichas energías con el Universo. Sin duda alguna, el planeta está pasando por una crítica degeneración en todos los niveles mostrando condiciones frágiles en su estructura orgánica ya que no cuenta con la suficiente capacidad para recibir y al mismo tiempo generar las energías suficientes que le demanda el Universo para su estabilidad como cuerpo interdependiente. esto podría ser un signo manifiesto de que en cualquier momento podrían producirse eventos inesperados de consecuencias impredecibles.

Veamos un sencillo ejemplo:

Tomemos una estructura biológica cualquiera. Canalicémosla con una aguja o jeringuilla, luego dejémosla sangrar una a dos gotas por minuto, al cabo de 24 horas tendremos una estructura biológica totalmente deshidratada y notaremos que dicha estructura va a mostrar un aspecto totalmente diferente en todo los órdenes. Es muy probable que tal individuo no tenga la suficiente energía y equilibrio para sostenerse por sí mismo a pesar de los alimentos y vitaminas que pudo haber tomado antes y durante del procedimiento. Sin duda alguna que en la sangre que perdió, perdido prácticamente toda su vitalidad por lo que estará expuesto a contraer cualquier tipo de virus ya que sus mecanismos de defensas son sumamente bajas. Ahora bien, si vamos a hidratar nuevamente esta estructura habrá que someterla a un tratamiento de intensivo, pero aun así se tomará tres o cuatro veces más tiempo que lo que tardó para la deshidratación. El planeta está pasando por un proceso similar, por lo que se requiere de un tratamiento urgente e intensivo, no se trata de dos o tres programitas aislados implementados por algunas ONG. Se trata de un paciente que empieza a colapsar y que demanda cuidado intensivo urgente ya que de lo contrario podría perecer en cualquier momento.

Hace aproximadamente unos 500 años, el astrónomo GALILEO GALILEI hizo un extraordinario descubrimiento; "demostró que el planeta tierra giraba alrededor del Sol" pero no se lo creyeron (quizás fue por conveniencia o por ignorancia), sin embargo tenía razón. Tal descubrimiento le costó la vida y a la humanidad le costó más de 400 años de atraso e ignorancia colectiva. Es bien sabido que después de esto se desencadenó una persecución feroz en contra del conocimiento científico cuyo resultado no fue más que el estancamiento del desarrollo científico de la humanidad. Siempre aparecen personas, que en complicidad con la ignorancia se valen de cualquier medio para justificar sus macabras perversidades en aras de sus intereses.

Estoy seguro que si eso no hubiese pasado en aquel entonces, no hubiese sido necesario el que hoy tengamos que afirmar: **que la tierra es un polo magnético en interrelación armónica con todo el Universo.** Esto debió saberse hace mucho tiempo y de seguro que el planeta estuviera más protegido en todo los órdenes.

Se demanda de una atención especial, en todo lo relacionado con la ecología, medioambiente y biodiversidad, de esto depende la estabilidad del planeta y su balance armónico con el universo.

Son varias las organizaciones filantrópicas que se han creado con el fin de trabajar de manera desinteresada en favor de la ecología, el medioambiente y la biodiversidad, pero por lo que parece, ha hecho falta un organismo de apoyo en el cual estas organizaciones puedan encontrar un soporte para poder hacer realidad sus aspiraciones. Para que tales iniciativas se hagan realidad se requiere de un organismo con personería jurídica. Un organismo que le sirva de soporte a las acciones que estas organizaciones realizar a favor del planeta. Un organismo con una estructura jurídica legal competente que garantice que todos y cada uno de los programas de determinadas organizaciones en cualquier punto del planeta se ejecuten con eficiencia y prontitud.

Tenemos un planeta que velozmente se deteriora, precisamente por la destrucción de sus elementos vitales como son; la deforestación masiva, la proliferación de productos contaminantes, explotación de los recursos naturales no renovables, deterioro de la capa de ozono por contaminación atmosférica entre otros.

Son muchas las organizaciones que tienen las mejores intenciones, pero hay quienes no le interesan para nada las buenas intenciones de estas, solo les importa sus intereses pecuniarios aunque muchas veces se presentan como benefactores de dichas Instituciones al tiempo que se constituyen en el principal obstáculo para que no se puedan llevan a cabo eficientemente tales acciones. Estos individuos o grupos suelen usar todo tipo de influencias y mecanismo de poder, y cuidado que muchos son hasta donantes y patrocinadores de programas ambientalistas para de ese modo ocultar sus ambiciones depredadoras. Algunos hasta crean sus propias fundaciones con fines benéficos mientras que por detrás se lucran de los recursos naturales.

La pregunta es; ¿Por qué si existen diversas organizaciones ecológicas y ambientalistas en todo el planeta, e inclusive hasta de orden gubernamental y que tales organizaciones realizan ingentes esfuerzos por el bienestar del planeta, porque cada día el planeta se ve aún más deteriorado en toda su estructura?

¿No será que hace falta un órgano con capacidad legal que regule todas las acciones que vallan dirigidas al fortalecimiento del planeta?

En las últimas décadas se puede observar por doquier; **más deforestación, más proliferación de químicos, más consumo de carburantes, más producción de elementos tóxicos, atómicos y nucleares, más proliferación de aerosoles, mas basuras marítimas, más fertilizantes e**

insecticidas entre otros. Significa que no existe voluntad política definida que ayude y apoye los distintos esfuerzos que hacen un sin número de organizaciones sin fines de lucro dispersas por todo el mundo, que con espíritu filantrópico trabajan de manera encomiable e incasablemente con el fin de realizar proyectos en favor del ecosistema. Organizaciones que ni siquiera cuentan con recursos económico y moral de parte de las autoridades competente para llevar a cabo su labor filantrópica. Lamentablemente, eso no está incluido en las agendas de prioridades de los políticos aunque debería ser una prioridad esencial en toda plataforma de gobierno de las diferentes naciones. Es más, debería ser una prerrogativa constitucional.

Pero vamos a pensar que el problema es que muchos no están lo suficientemente informados sobre la importancia de esto, o que simplemente no tienen tiempo para dedicarse a estos asuntos ya que en los 4 o 6 años de gobierno tienen que ocuparse de cosas más importantes. o podría ser que muchos ni siquiera sepan de qué se trata. Es muy raro que un líder político hable de temas ecológicos y de medioambiente, quizás sea porque esto no genera recursos económicos para engrosar el presupuesto fiscal. Los políticos siempre rehúyen de estos temas; primero, porque esto supone inversión de recursos y segundo, porque su quehaceres políticos no le permiten dedicar tiempo a estos temas. No es simple ironía, es la verdad.

Hay que fortalecer y apoyar las acciones que realizan distintas instituciones ecologistas y medioambientalistas en todo el mundo, aunque eso no es suficiente. Urgente una políticas combinada que tienda a mejorar la salud del planeta por encima de todo. **El planeta primero.**

Es urgente la creación de un organismo de orden jurisdiccional universal que proteja al planeta o de lo contrario, las consecuencias futuras podrían ser funestas.

Todas las instituciones ecologistas y ambientalistas tienen muy voluntad y deseo de colaborar desinteresadamente con el bienestar del planeta, pero eso no basta, la situación del planeta requiere de una entidad que disponga de capacidad jurídica e independencia política, económica y religiosa que le permita llevar a cabo acciones contundentes en favor del planeta. **Una entidad con jurisdicción universal que establezca una legislación ecológica para todo el planeta ya que el este es jurisdicción de todos por igual. El planeta no tiene límites fronterizos, no tiene un sistema político ni un sistema religioso establecido. El planeta ni es político ni religioso, es simplemente la morada geográfica de todos los seres vivientes sin distinción de razas, especie, credo, cultura, sistema político o económico.**

2) MOTIVACIONES LOGICAS:

Primero: El Planeta está al borde de enfrentar situaciones que podrían escapar a nuestras posibilidades, por lo que se demanda de la implementación de acciones concretas, urgentes y contundentes por encima de todas fronteras ideológicas, religiosas, geográficas, políticas y económicas.

Segundo: Es urgente la búsqueda de soluciones precisas ya que se prevé que en los próximos 100 años se habrán derretido el 90% de los grandes glaciares Canadienses. No es tiempo para mucho protocolo diplomático. Es tiempo para implementar programas ecológicos eficientes que desintoxiquen al planeta cuesten lo que cuesten, programas que respondan de manera inmediata a solucionar los grandes problemas que afectan profundamente la ecología, el medioambiente y la biodiversidad.

Tercer: Qué no es justo ni se justifica la acumulación de fortunas y poder de algunos grupos económicos en base a la destrucción indiscriminada de los recursos naturales del planeta, y que para tales fines se crean leyes que otorgan derecho de propiedad privada y derecho a la explotación y apropiación de recursos naturales sin los mínimos parámetros de regulación ecológica y ambiental, y lo peor, leyes que blindan a los Estados permitiéndole manejar los recursos naturales bajo su libre albedrio sin que a nadie le importe la consecuencia y sin que ninguna entidad externa pueda intervenir en lo absoluto ya que a eso se le considera injerencia.

Cuarto: Que no se disponga de tantos recursos y tanta atención en la búsqueda de otros mundos fuera de la Galaxia solar en vez de poner mayor atención y cuidado en nuestro planeta. La búsqueda de otros mundos podría ser importante, pero esos posibles mundos no nos servirán de refugio en el caso de una eventualidad catastrófica.

Quinto: Es responsabilidad absoluta de los gobiernos y de la comunidad científica, buscar alternativas energéticas que sustituyan el consumo masivo de las energías naturales no renovables, ya que el uso indiscriminado de estas energías esta causando grandes repercusiones en la desestabilización del planeta lo que podría conducir a un caos planetario de consecuencias impredecibles.

Sexto: Estoy totalmente seguro que otras civilizaciones del Universo no están interesadas en invadir al planeta tierra por ningún motivo en particular, pero es probable que si ven que la situación del planeta continua agravándose, entonces sí que podrían intervenir en cualquier momento ya que una situación catastrófica del planeta podría afectar sensiblemente a algunos de sus mundos. O sea, a una parte importante del Universo.

Séptimo: La contaminación aumenta cada día más y no es un secreto para nadie los efectos masivos que esto causara al planeta en todos los niveles, pero nos hacemos de la vista gorda porque es probable que a determinados grupos no les importe para nada el futuro del planeta, solo les interesa la acumulación desproporcionada de riquezas. Tampoco le conviene la implementación de otras fuentes energéticas que sustituyan las energías tradicionales.

Tenemos que admitir que existen tres factores básicos los cuales podrían ser determinantes y que quiérase o no influyen en el desbalance del Planeta:

Primero: la pérdida masiva de peso específico el cual le resulta vital para mantener equilibrio y armonía con el Universo.

Segundo: la producción masiva y proliferación de contaminación la cual afecta sensiblemente la ecología, al medioambiente, a la atmosfera y por supuesto a la capa de ozono.

Tercero: la incapacidad energética con que va quedando el planeta para recepcionar y al mismo tiempo emitir las suficientes energías magnéticas elementos básicos para su auto vitalización.

Sin duda alguna, todo esto trae como consecuencia: **la pérdida masiva del equilibrio climatológico y el desbalance armónico del planeta con el Universo.**

Por lo que propongo la creación urgente e inmediata:

ACÁPITE 2do.
ESTADO ECOLÓGICO, BIODEVERSIDAD Y MEDIOAMBIENTE

OBJETIVO GENERAL: **proteger, cuidar y preservar la integridad ecológica y medioambiental del planeta en todas sus dimensiones.**

EL ECOBIOM SERA:

1ro.- Un Estado que elabore y aplique programas y políticas eficientes en la búsqueda de soluciones concretas al desbalance manifiesto del planeta.

2do.- Un Estado que tenga a su disposición los recursos humanos, económicos, científicos y tecnológicos necesarios que le permitan enfrentar con eficiencia, seriedad y responsabilidad la crisis ecológica por la que atraviesa el planeta en estos momentos.

3ro.- Un Estado que garantice la estabilidad, conservación, protección, equilibrio y armonía ecositemológica del planeta.

4to.- Un Estado capaz de buscar alternativas energéticas limpias y eficientes que contribuyan a la protección de la capa de ozono y la limpieza del entorno atmosférico que cubre al planeta.

5to.- Un Estado con voluntad y vocación filocosmológica y filantrópica que vele por la salud del sistema vitalizador del planeta y del Universo que le rodea.

6to.- Un Estado en donde los diferentes grupos y asociaciones ambientalistas, ecologistas y las asociaciones protectoras de animales y afines encuentren el espacio idóneo para ejercer su vocación de servicio en favor de la naturaleza y la biodiversidad.

7mo.- Un Estado que convoque a la humanidad a la unidad con el propósito supremo de salvaguardar al planeta de un eventual y devastador cataclismo que pudiera poner fin a todas formas vida sobre la fas de la tierra.

1) CONSIDERANDO:

1ro.- Considerando: que es de suma prioridad la protección y conservación de los recursos naturales a nivel mundial ya que estos son la fuente energética primordial para la vitalidad, estabilidad e integridad del planeta y la preservación de la vida general.

2do.- Considerando: que en los últimos 100 años el planeta ha sido masiva e intensamente saturado de una alta contaminación en diferentes órdenes con lo cual se ha afectado de manera sensible todo el sistema ecológico, la biodiversidad y el medioambiente lo cual ha dejado como resultado el desbalance manifiesto del planeta expresado en el desequilibrio climatológico.

3ro.- Considerando: que las políticas ecológicas de los diferentes Estados del mundo no han podido resolver los grandes problemas que afectan la ecología mundial ya que en el fondo están limitados por ciertos intereses mediáticos que no le permiten la aplicación correcta, independiente y permanente de políticas que contribuyan al saneamiento de la ecología, ya que cualquier programa en este sentido se relega a una 3ra. O 4ta. Categoría en la escala de prioridades de la mayoría de los Estados del mundo.

4to.- Considerando: que la ecología, recursos naturales y medioambiente son la esencia vital para la estabilidad y sobrevivencia del planeta y de todos los elementos que constituyen la biodiversidad y que están siendo sacrificados irracionalmente en nombre del desarrollo.

5to.- Considerando: que el planeta es un cuerpo que flota libremente en el espacio y que durante trillones de años se ha venido autoconstruyendo un peso específico en total armonía con las coordenadas del Universo y que en un periodo de tiempo de menos de 100 años ha perdido billones de toneladas de su peso real.

6to.-Considerando: que por la ausencia de un organismo jurídico competente e independiente que enfrente con responsabilidad la defensa del planeta, grupos de humanos han atentado contra la integridad del mismo de manera irresponsable poniendo en juego la estabilidad armónica de este con el Universo, lo que constituye un peligro inminente que tarde o temprano podría poner fin a nuestra existencia.

7mo.-Considerando: que el desbalance del planeta es responsabilidad de todos, y todos tenemos los mismos deberes y los mismos derechos para buscar soluciones inmediatas, adecuadas y favorables que contribuyan con su estabilidad y armonía sin importar las consecuencias que pudieran surgir de parte de aquellos que solo les interesa hacer riquezas como si el planeta fuese patrimonio suyo.

8vo.- Considerando: que el planeta es nuestra única casa por lo que todos y cada uno y por encima de quien sea, estamos en el justo derecho y en la plena obligación de defender, proteger y preservar ya que este es solo patrimonio del Universo, no propiedad particular de nadie.

9.-Considerando: Que la biodiversidad en el planeta tierra hay que preservarla cueste lo que cueste y por encima de quien sea. Somos 7,000 millones de seres humanos a los cuales nos asiste por igual los mismos deberes y los mismos derechos, porque precisamente, es aquí en este lugar del Universo donde nos ha tocado nacer, crecer, vivir y luego morir. Este es nuestro mundo al igual que de todos los vivientes que en el habitan.

Ninguna legislación de ninguna nación del mundo debiera tener facultad para otorgar poder a nadie en particular bajo ningún concepto ni bajo ningún precepto para la apropiación, explotación y disfrute particular de un bien que es patrimonio absoluto del Universo despojando así a la gran mayoría de la humanidad de los sagrados derechos que le asisten como ciudadano de este mundo. Se deberá legislar para otorgar poder y jurisdicción a todo ciudadano para velar, cuidar, defender y proteger al Planeta, que por cierto es un bien: único, absoluto y supremo, un bien que es de todos no de nadie en particular ya que este va pasando de generación en generación.

Somos una generación en tránsito, por tanto, no debemos llevarnos el planeta con nosotros, otras generaciones lo necesitan para continuar viviendo. Protejámoslo ahora o atengámonos a las consecuencias futuras.

DEL ESTADO ECOLOGICO, BIODIVERSIDAD Y MEDIOAMBIENTE
Siglas: **ECOBIOM**
Lema: **EL PLANETA PRIMERO**
Logo: **una réplica del planeta en medio de la galaxia.**

Emblema:

Un lienzo en cuatro colores; blanco, verde, azul y rojo, en el centro el logo.

El blanco que significa **paz y unidad.**

El verde que simboliza **el color del planeta.**

El azul que simboliza **la armonía universal.**

El rojo que simboliza **el amor a la humanidad, al planeta y al cosmos.**

Filosofía:

EL ECOBIOM ha de ser siempre un organismo de preservación y protección del planeta. Se caracterizará por su independencia absoluta y el respeto irrestricto a los demás Estados sin importar; cultura, costumbre, sistema político, económico, jurídico o religioso. Consciente de que estos elementos rigen, constituyen y definen la idiosincrasia e identidad de cada pueblo o nación. Sus funciones estarán circunscritas única y exclusivamente al cuidado, protección y preservación de todo aquello que de algún modo esté vinculado al mundo Ecológico, medioambiente y biodiversidad.

Tendrá como misión específica: la vigilancia y protección del planeta sin límites ni fronteras territoriales con el fin de salvaguardar la integridad ecológica para evitar futuras catástrofes que pudieran poner en peligro su estabilidad armónica con el Universo.

Sanear y preservar el ecosistema para asegurar el equilibrio del planeta con las coordenadas interplanetarias que rigen el universo.

Trabajar en estrecha coordinación con los diferentes Estados, con las distintas Instituciones Ecológicas y medioambientalistas y con las distintas agencias de investigación científicas del mundo a fin de implementar programas eficientes que tiendan a mejorar en el menor tiempo posible la estabilidad que demanda el planeta.

DEFINICION:

SE TRATA DE UN ORGANISMO GUBERNAMENTAL DE CARACTER UNIVERSAL LEGALMENTE CONSTITUIDO, REVESTIDO DE DERECHOS PLENIPOPOTENCIARIOS PARA EJERCER LIBRE E INDEPENDIENTE SUS FUNCIONES COMO ORGANISMO AUTONOMO SUSTENTADO EN EL OBJETIVO PARA EL CUAL HA SIDO CREDO.

DE LOS INGRESOS FINANCIEROS:

Los ingresos financieros básicos que sustentaran los programas y actividades del nuevo Estado Ecológico, deberán provenir de los diferentes Estados del mundo a través de una partida o cuota mínima de su presupuesto anual que no deberá ser menor del 0.5%.

El Estado Ecológico no está diseñado para ser un Estado recaudador de impuestos, sino una Institución de servicios colectivo, por tanto, todo el mundo deberá pagar esos servicios que tendrán como único fin; la protección y preservación del planeta para la conservación y permanencia de la vida.

Los recursos económicos existen, están ahí:

Miles de millones de dólares se invierten anualmente en asuntos que no revisten tanta importancia para la colectividad universal. Cientos de miles de millones de dólares se filtran a discreción por vías improductivas quedando impune en manos de unos cuantos. Cientos de miles de millones de dólares permanecen estacionarios en cuentas secretas y privadas en diferentes Bancos del mundo mientras que el planeta que ha sido la fuente de esos bienes solo le queda, ir muriendo lentamente y fosilizándose en medio del universo y al final, de qué y para qué sirvió la acumulación de todas las riquezas si en cualquier momento todo podría terminar en cuestión de horas.

No hay derecho ni razón alguna que justifique la no inversión de un capital mínimo en favor de la protección e integridad del planeta. No es justo que por negligencia, avaricia e ignorancia de unos cuantos, o que simplemente, porque los Estados no aportar los recursos mínimos se descuide la principal de las prioridades, que es, no solo la salud del planeta, sino, la preservación de la humanidad y todas las demás especies que cohabitan esta parte del Universo. Si el planeta colapsa se extinguirá la vida de la faz de la tierra por millones de años.

ESTRUCTURA ORGANIGRAMICA DEL ESTADO:

1-PRESIDENTE.

2-VICEPRESIDENTE.

3-MINISTRO CANCILLER (relaciones internacionales)

4-MINISTERIO DE ECOLOGIA, BIODIVERSIDAD Y MEDIOAMBIENTE.

5-MINISTERIO DE JUSTICIA Y SEGURIDAD ECOLOGICA.

6-MINIST. DE EDUCACION ECOLOGICA, CIENCIAS Y TECNOLOGIAS.

7-MINISTERIO DE ADMINISTRACION Y FINANZAS.

Nota:

Estos constituirán el consejo de Gobierno Ecológico.

Cada ministro tendrá uno o más viceministros de acuerdo a las necesidades de cada ministerio.

Condiciones para ser miembro del consejo:

1-Ser filocosmoslogo.

2-Ser filántropo.

3-tener probada honestidad.

4-Estar especializado en una de las siguientes áreas: Ecología, Cosmología, Astronomía, Astrofísica, Bioquímica, Química, Física, Geología, Botánica, tecnología, o ser científico en alguna de las áreas afines.

DEL CONSEJO DE GOBIERNO ECOLOGICO:

1=Redactar el acta constitutiva que crea y regirá el Estado.

2=Escoger los funcionarios para funciones ejecutivas.

3=Constituir los diferentes organismos y/o delegaciones.

4=Constituir la asamblea legislativa.

5=Elaborar el reglamento que regirá al consejo de gobierno.

6=Conocer, modificar y ratificar el reglamento que regirá para cada ministerio u organismo.

7= Conocer toda sentencia emanada de la corte suprema antes de su divulgación.

8=Otorgar certificado de membresía a todas aquellas organizaciones ecológicas y ambientalistas que lo solicitasen.

9=Trazar las políticas de orden ecológicas y de medioambiente que se han de llevar a cabo en todo el planeta.

10=Definir la residencia o sede central del gobierno.

11=Conocer las leyes emanadas de la asamblea legislativa antes de su promulgación.

12=Elaborar el documento protocolar que regirá las relaciones del Estado Ecológico con los demás Estados del mundo.

13=Seleccionar los funcionarios que representarán al Estado Ecológico ante las diferentes instituciones tanto Internacionales, continentales como regionales, así como en las distintas agencias científicas de exploración espacial.

14=conocer y aprobar el presupuesto del año fiscal correspondiente.

15=Informar a los demás estados sobre las acciones a llevarse a cabo en el año siguiente.

16=Crear los organismos que se considere necesario.

17=Conjuntamente con la asamblea legislativa elegir al presidente y vicepresidente por un único periodo no mayor de 10 años y no menor 8 años.

18=Elegir cada cinco años el 50% de los miembros de la asamblea legislativa.

1ro. DEL PRESIDENTE:

El presidente es el máximo ejecutivo del consejo del gobierno del Estado Ecológico, sus responsabilidades entre otras son las siguientes:

1=Velar de manera irrestricta para que el gobierno bajo su mando marche de manera correcta.

2=Convocar y presidir las asambleas, tanto ordinarias como extraordinarias.

3=Ejecutar las disposiciones que emanen del consejo en asamblea.

4=Representar el gobierno antes los demás Estados.

5=Refrendar los nombramientos de todos los funcionarios del gobierno.

6= Conocer y refrendar todas las operaciones financieras.

7=Certificar todos los organismos y/o delegaciones del gobierno.

8=Otorgar reconocimiento de membresía a las organizaciones afines ya existentes que lo solicitaren.

9=Informar a los demás Estados sobre disposiciones, leyes y resoluciones emanadas del Estado Ecológico.

10=Recibir los informes de cada uno de los ministerios.

11=Promulgar las resoluciones emanadas del consejo.

12=Promulgar, cumplir y hacer cumplir las leyes emanadas de la asamblea legislativa.

13=Presentar juramento ante el consejo y juramentar a los demás funcionarios.

14=Celebrar contratos y acuerdos con los demás Estados.

15=Aceptar la renuncia de cualquier funcionario que lo solicite.

16=En circunstancias extremas, actuar a través de una orden ejecutiva sin el consentimiento previo del consejo.

2do. DEL VICEPRESIDENTE:

1=Sustituir al presidente en caso de muerte, renuncia justificada o por deposición de este por grave delito en el desempeño de sus funciones.

2=Representar por delegación al presidente antes los organismos internacionales o cualquier otra circunstancia.

3=Supervisar y recibir informes de los distintos ministerios sobre los programas implementados por el Estado Ecológico.

4=Presidir las asambleas del consejo en ausencia temporal del presidente.

5=Archivar, proteger y preservar de manera íntegra todos los documentos internos del gobierno del Estado Ecológico.

6=Presidir la cámara legislativa.

7=fungir de secretario de acta en las sesiones del consejo.

3ro. DEL MINISTRO CANCILLER:

1=Elaborar los documentos de protocolo que armonizaran las relaciones del Estado Ecológico con los demás Estados.

2=Regir las delegaciones diplomáticas a nivel internacional.

3=Informar permanentemente al consejo sobre las actividades del Estado Ecológico en relación con los demás Estados.

4=Informar a todas las delegaciones sobre las políticas, programas y estrategias emanadas del consejo.

5=Mediante documento, acreditar conjuntamente con el presidente las delegaciones que representaran al Estado Ecológico antes los diferentes Estados.

6=Recibir de las delegaciones los informes y luego tramitarlos al ministro correspondiente.

7=Elaborar el reglamento que regirá a las delegaciones diplomáticas en toda la geografía planetaria y luego presentarlo al consejo para su aprobación.

4to. MINIST. DE ECOLOGIA, BIODIVERSIDAD Y MEDIOAMBIENTE:

1=Elaborar un registro de los polos ecológicos de mayor incidencia y de otros que pudieran serlo.

2=Elaborar un registro por zonas geográficas del deterioro ecológico y sus causas.

3=Realizar monitoreo y luego levantamiento de los elementos contaminantes que intervienen con mayor impacto en la Ecología y el medioambiente.

4=Hacer un levantamiento topográfico de la geografía planetaria por continente, región y nación.

5=Diseñar proyectos energéticos alternativos de consumo masivo.

6=Crear e implementar sistemas de alta tecnología con capacidad para medir la frecuencia vibratoria del planeta y su posición con las coordenadas interplanetarias.

7=crear laboratorios de alta tecnología con capacidad para medir el grado de contaminación atmosférica y la potencia de las hondas magnéticas que impactan al planeta atreves del monitoreo contante de la capa de ozono.

8=Crear los organismos ecológicos necesarios y registrar los ya existentes en toda la geografía planetaria.

9=Registrar y auxiliarse de los más dotados científicos y tecnólogos en la materia.

10=Determinar las variables de mayor incidencia en los cambios climáticos.

11=Determinar las causas del colapso de algunos planetas de la Galicia solar.

5to. DEL MINISTRO DE JUSTICIA Y SEGURIDAD ECOLOGICA:

1=Constituir y presidir la asamblea legislativa.

2=Conjuntamente con la asamblea legislativa, crear las distintas cortes judiciales.

3=Crear los órganos de seguridad y vigilancia ecológica en todo el planeta.

4=Elaborar los distintos reglamentos que regirán las diferentes dependencias del Estado en materia de seguridad ecológica.

5=Conocer, procesar y tramitar todas y cada una de las demandas contra y/o a favor de funcionarios o del Estado Ecológico.

6=Informar al presidente y al consejo de todos y cada uno de los procesos judiciales pendiente.

7=Revisar que las leyes emanadas de la asamblea legislativa no contravengan la de ningún otro Estado antes de su promulgación.

8=Apoderar a la corte correspondiente sobre cualquier demanda judicial.

9=Elaborar un reglamento que defina de manera precisa; qué son delitos ecológicos, de medioambiente y de biodiversidad, el cual servirá de soporte a la asamblea legislativa para la elaboración de un código ecológico universal.

10=Ocupar provisionalmente la función de presidente del consejo de gobierno en caso de ausencia permanente del presidente y del vicepresidente hasta que sean elegidos los nuevos funcionarios en sustitución de los anteriores.

11=Rectificar y tomar juramento a los jueces y fiscales luego de su elección.

12=Crear y presidir la policía Ecológica y proveerla de su respectivo reglamento.

6to. DEL MINIST. DE EDUC. ECOLOGICA, CIENCIA Y TECNOLOGIA:

1=Elaborar programas Ecológicos de alto contenido científico-tecnológico.

2=Coordinar con las Universidades y otras Instituciones académicas la creación e implementación de programas ecológicos, medioambiente y biodiversidad.

3=Crea la Academia de ciencias cosmofísica y Biotecnológica.

4=Elaborar material didácticos sobre medioambiente, biodiversidad y ecología en general.

5=Coordinar programas educativos con las distintas asociaciones Ecologistas y afines.

6=Crear una base de datos sobre los esfuerzos educativos que se están llevando a cabo en favor del planeta en toda la geografía planetaria.

7=Buscar repuestas científicas y tecnológicas que contribuyan de manera eficiente a disminuir los efectos contaminantes.

8=Crear la carrera de ciencias ecológicas, biodiversidad y medioambiente.

9=Crear la carrera de ciencias Geo cosmológicas.

7mo. DEL MINISTRO DE ADMINISTRACION Y FINANZAS:

1=Elaborar el presupuesto anual de ingresos y gastos del Estado Ecológico.

2=Definir las cuotas de colaboración correspondiente a cada estado.

3=Informar a los Estados sobre los recursos recaudados provenientes de las aportaciones de cada Estado.

4=Crear programas que generen fuentes de ingresos adicionales.

5=Rendir informe periódicamente al consejo sobre ingresos y egresos.

6=Hacer que los registros de contabilidad se lleven con absoluta pulcritud y transparencia.

7=Practicar rastreos periódicos sobre disponibilidad financiero y rendir informe al consejo sobre el estado de cuenta.

8=Firmar cheques y certificados financieros conjuntamente con el presidente.

9=Abrir o cancelar cuentas bancarias conjuntamente con el presidente.

10=Pagar todas las utilidades solo y a través de cheques del Estado Ecológico.

11=Realizar transacciones económicas previo autorización escrita del consejo de Estado.

Nota:

Todo funcionario que ostente una función de responsabilidad ejecutiva en el Estado Ecológico llevará consigo una credencial que lo acreditará como ciudadano del mundo, lo que le permitirá ejercer sus funciones sin obstáculos de nacionalidad. Para tales fines, se elaborará un protocolo diplomático y luego se dará a conocer a los diferentes Estados del mundo.

DE LA SEDE DOMICILIAR DEL GOBIERNO ECOLOGICO:

Por ser el Estado Ecológico una Institución de carácter no político ni de orden religioso alguno, pero sí de dimensión social a nivel global, su domicilio territorial no tendrá límites geográficos ni fronterizos, sino más bien, que su territorio de gobierno solo deberá tener límites de orden privado por cuestión de seguridad. Por tanto, su sede de gobierno podrá estar domiciliada en cualquier demarcación territorial dentro de cualquier nación siempre y cuando sea suficientemente adecuada para que el Estado pueda llevar acabo sus operaciones institucionales de manera ininterrumpidas.

Deberá contar con una porción de terreno de no menos de 50 millas cuadradas y de ser posible con acceso al mar. Un área de esta dimensión podría ser suficiente para las instalaciones de las utilidades requeridas, por ejemplo:

1) Edificaciones para la residencia del gobierno.

2) Instalaciones para delegaciones diplomáticas.

3) Academia ecológica ciencias y tecnologías.

4) Campus satelitales; entre lo que se instalará un mega satélite para medir las frecuencias vibratorias del planeta y su alineación con las coordenadas interplanetarias.

5) Disponibilidad para puertos, helipuertos y aeropuertos.

6) Complejos habitacionales, hoteles y restaurantes.

8) Parques ecológicos y energéticos.

9) Centros de salud.

10) Laboratorios de experimentación geomagnética.

11) Parques para deportes y recreación.

12) Campus para experimentación tecno científica.

13) base experimental para misiones interplanetaria.

14) Residencial para funcionarios y delegaciones Internacionales.

15) parque industrial tecno virtual.

16) un mega satélite para comunicaciones interplanetarias

Además, se deberá disponer de terrenos extra para posibles instalaciones futuras.

La ubicación territorial deberá estar situada preferiblemente en un lugar con aseso al mar.

Estará dentro de cualquier nación, pero no será parte del organigrama geopolítico de la nación donde esté ubicado.

CONCLUSION:

PRESERVAR, CUIDAR Y PROTEGER AL PLANETA SERA LA PRINCIPAL PRIORIDAD Y RESPONSABILIDAD DE TODOS Y CADA UNO. "**EL PLANETA PRIMERO.**"

Es probable que algunos sectores no perciban la importancia del presente tratado ya que este podría resultar incompatible con los intereses de algunos grupos, tanto del ámbito político como del ámbito económico, y posiblemente de algunos sectores religiosos. No es un secreto que existen sectores que no le importa para nada el futuro del planeta, que lo único que les importa es, vivir el aquí y el ahora egocéntricamente.

Si observamos las conclusiones de la última cumbre sobre el cambio climático celebrada en Paris Capital de Francia, del 1ro al 11 de Diciembre de 2015 podríamos darnos cuenta que esta no llenó las expectativas esperadas ya que en vez de acercarse a las causas que intervienen en el desbalance del Planeta lo que hizo fue alejarse aún más de las verdaderas causas que interviene de manera concreta en el deterioro del mismo.

Para los participantes de dicha cumbre, lo más importante fue disponer de cuantiosos recursos para apoyar económicamente a los países pobres como si la pobreza fuese la causante del calentamiento global, de la proliferación de la alta contaminación, de los efectos invernaderos, de los múltiples daños ecológicos y del debilitamiento de la capa de ozono, en definitiva, del desbalance del planeta.

Se olvidaron que los países pobres no son productores de petróleo, no disponen de grandes industrias de contaminantes y no disponen de procesadoras nucleares, quizás el único daño que estos hacen a la ecología es, la deforestación masiva.

En dicha cumbre se aprobó un fondo exorbitante para ayuda de los países pobres, correspondiente a <u>100.000.000</u> cien mil millones de dólares anuales con el fin de combatir el cambio climático. Con esta medida se proponen disminuir en los próximos 20 años 1,50 grados de los 3 grados de calentamiento que supuestamente ha aumentado el calentamiento en los últimos años en todo el planeta. <u>https:// elpais.com>actualidad</u>

Estoy plenamente seguro que con la miseria que viven las mayorías de los países del mundo dichos recursos no se aplicará ni el 25% en función de la mejoría de la ecología y el medioambiente, por lo que desde ya se podría pronosticar un aumento desproporcional en el cambio climático en los próximos años. Esta será una meta fallida. De nada sirve hacer inversiones súper millonarias si no vamos a las verdaderas causas que afectan gravemente la integridad del planeta. La única solución de salvar al planeta de una catástrofe impredecible es, la creación inmediata del **Estado Ecológico Biodiversidad y Medioambiente.**

De crearse dicha entidad y en el supuesto caso que la misma fuese confiada en nuestra persona, nos comprometemos con lo siguiente:

Primero: que en un periodo de 10 años le entregaremos al mundo los primeros laboratorios procesadores de energía electromagnética condensada.

Segundo: que en un periodo de 15 años tendremos en funcionamiento el primer satélite temporizador vía terrestre con capacidad para medir las frecuencias vibratorias del planeta con capacidad para determinar las coordenadas interplanetarias de la galaxia solar.

Tercero: que en los próximos 10 años después de haber sido aprobado el Estado Ecológico disminuiremos en un 25% los elementos contaminantes y en la misma proporción la estabilización Climatológica.

Cuarto: lograr en los próximos 20 años la estabilización del clima entre un 50 y un 60%.

Quinto: que en los próximos 40 años solucionaremos en un 90% el problema ecológico, medioambiente y biodiversidad alcanzando así los niveles adecuados del comportamiento climatológico en toda la geografía planetaria.

Sexto: Diseñar en el trascurso de los próximos 20 años las primeras naves aéreas y espaciales impulsadas por energía electromagnética condensada capaces de alcanzar velocidades de más de 100.000 millas por hora.

Para tales fines solo se necesitan cinco cosas:

1ro. La creación del Estado Ecológico.

2do. Una extensión de terreno de 25 millas cuadradas minimo.

3ro. El 50% de los 100.000.000 mil millones de dólares anuales aprobados en la cumbre de Paris destinados a apoyar la lucha contra el cambio climático, más el 0.5% del presupuesto anual de todos y cada uno de los Estado del mundo.

4to. Disponibilidad de científicos idóneos.

5to. Apoyo irrestricto de todos los Gobiernos del Mundo.

Nota:

No podemos dejar el Planeta en manos de los políticos ya que los políticos son gentes muy ocupadas y no disponen de tiempo para estar pensando en calentamiento global, cambio climático, ecología, medioambiente y biodiversidad. Se necesita de un organismo independiente con jurisdicción legal que se ocupe 100% de la salud, seguridad y estabilidad del Planeta. Esto no interferirá en lo absoluto en los asuntos internos de las naciones, por el contrario, será un soporte para el desarrollo global.

En lo que a mi concierne, juro y prometo por mi dignidad y mi honor que si tal responsabilidad fuese depositada en nuestras manos, la presente generación será recordada hasta la eternidad por todas y cada una de las generaciones de los tiempos futuros.

ULTIMATUM:

El planeta demanda de la urgente e inmediata conformación de un gran pacto internacional cuyo objetivo solo sea; la creación del **Estado Ecológico Biodiversidad y Medioambiente.**

Si antes que transcurran los próximos 100 años no se toman las medidas que demanda la grave realidad por la que está atravesando el planeta, podríamos ser intervenido por otras civilizaciones con el fin de evitar que el planeta colapse ya que este podría estar girando fuera de su campo gravitacional razón por la cual está perdiendo velozmente las fuerzas que lo armonizan con el Universo lo que hace que se alteren todas sus estructuras.

Hago un llamado a la sensatez de la comunidad científica, organizaciones ecológicas y de todos los Gobiernos para que se actué con la mayor brevedad posible ya que la estabilidad del planeta está en inminente peligro y la vida podría desaparecer de la fas de la tierra en un abrir y cerrar de ojos. De no actuarse a tiempo, es posible que tengamos que contemplar con estupor el hundimiento de ciudades y las devastaciones de Naciones enteras, teniendo en cuenta que en los últimos 100 años el planeta ha perdido un 15% aproximadamente de su capacidad electromagnética, y no menos de un 3% de su peso natural, suficiente para que este pierda total armonía con el universo.

Tengo en mi poder diseños de ultra tecnología suficientes para dar respuestas a las propuestas formuladas en el presente proyecto, solo necesito recursos, disponibilidad, generosidad y buena voluntad de personas que amen el planeta y de científicos idóneos que quieran cooperar en esta ardua y filantrópica tarea. Para implementar dicho proyecto no se necesitará; ni psicólogos, ni psiquiatras, ni teólogos, ni teóricos evolucionistas, ni pastores interesados en bautizar a seres de otros planetas, ni profetas mensajeros de catástrofes y juicio final; ni siquiera de científicos fanatizados en teorías carentes de toda lógica. Solo se necesita de personas normales con visión de futuro capaces de entender que más allá existen otras posibilidades aun superiores a nuestro entendimiento, conocimiento y comprensión científica. Dichas posibilidades están a nuestro favor, a nuestro alcance y a nuestra disposición.

Repito y afirmo: tengo en mi poder diseños de ultra tecnología para dar respuesta a la problemática Ecológica que afecta profundamente el desbalance del planeta y estoy en disposición de mostrar en el momento que se me solicite.

En nombre de las generaciones futuras os pido que mi voz sea escuchada. Soy un hombre de avanzada edad y no pretendo; ni poder, ni fama ni riqueza, solo pretendo que la integridad del planeta prevalezca por encima de todo interés temporal.

Juan de Dios Cabral
Abril 15 del 2015

TRADADO-II

MIRADA HACIA EL FUTURO PRÓXIMO

Descifrar el pasado es definir el presente y definir el presente es abrir las puertas para discernir e intuir el futuro.

Los humanos nos vemos compelidos a abrir nuestra inteligencia de cara al futuro para así poder asimilar los cambios que se aproximan de manera irreversible. No tenemos otra alternativa que no sea, aceptar tales cambios aun nos parezcan extraños ya que los mismos repercutirán significativamente en la conducta global de la humanidad queramos aceptarlos o no.

Uno de los acontecimientos, y quizás el de mayor repercusión que tendrá un efecto trascendental en la conciencia colectiva y será cuando la humanidad admita que somos una especie única, múltiple y universal, sabia e inteligente, esencialmente humana más allá de nuestro origen en la tierra, es decir, una especie descendiente directa de otras civilizaciones del Universo sin tener que haber pasado por el llamado jardín del Edén ni por ningún proceso de alteración evolutiva. Esto constituirá el salto más gigantesco para la humanidad ya que a partir de aquí el ser humano se abrirá al conocimiento pleno y pondrá de manifiesto de lo que es capaz la inteligencia humana.

Queramos o no, fuimos colonias plantadas en la tierra desde el principio en tiempo desconocido con humanos procedentes de diversos planetas del Universo, probablemente tiempo después de la desaparición de los Dinosaurios si fue que existieron o posterior a alguna otra catástrofe planetaria posterior a los Dinosaurios. La presencia reciente del ser humano en la tierra está claramente justificada a través de las diversas realidades que están ahí a la vista de todos, como por ejemplo; las distintas razas que cohabitan el planeta distinguiéndose una de otra tanto por los rasgos físicos como por la idiosincrasia cultural. La mejor demostración de que nuestra especie es bastante joven en el planeta son todas esas edificaciones diseminadas por todo el mundo cuyas estructuras y diseños continúan siendo un enigma para los investigadores y científicos modernos. Edificaciones que quiérase o no son evidencias palpables de la presencia de civilizaciones de dimensiones desconocidas y muy superiores a la nuestra. Edificaciones construidas en lugares inhóspitos, diseñadas con tal precisión que ni la tecnología moderna con todos los avances que pudiera alcanzar en los próximos 100 años no podría descifrar. Edificaciones construidas con materiales labrados a la perfección, extraídos de rocas sólidas y luego trasladados a cientos de kilómetros de distancia. No pudo ser posible que miles de toneladas de rocas fuesen cortadas y talladas con hachas de piedras y luego arrastradas con camellos o caballos a lugares sumamente distantes. Rocas con un peso hasta de mil toneladas y tamaños exorbitantes. No se puede justificar diciendo que dichos materiales fueron cortados y luego trasladados por brigadas formadas por miles de hombres ya que siete u ocho mil años atrás apenas iniciaba la nueva humanidad en la tierra y la población mundial para esa época no alcanzaba ni siquiera los 100 habitantes los cuales estaban dispersos en pequeñas tribus o colonias en distintos puntos del planeta, como por ejemplo: Los Negros en África, Los Blancos caucásicos en Europa, los Asiáticos, especialmente en China, Los Árabes en el Oriente, Los Induces en la India la cual está situada entre Asia y los Países Árabes y finalmente, Los Aborígenes tanto en América como en Australia.

Más adelante justificaré con datos precisos la originalidad de cada una de estas Razas.

Cuando seamos capaces de asimilar con naturalidad dicha realidad ya no será un misterio, sino, el inicio del descubrimiento de nuestro origen e identidad como especie, y más aún, como criaturas del Universo. Siempre hemos sido una especie que ha estado por encima de todas las especies que habitan y que han habitado el planeta tierra. Esto solo seguirá siendo un misterio para aquellos investigadores y científicos obstinados y obnubilados en los postulados de las teorías de la creación y la evolución. Teorías circulares que no dejan de ser barreras restringidas estrictamente xenofóbicas y discriminatorias, elaboradas en un momento en que no era posible que el razonamiento trascendiera más allá de lo tangible.

Puedo afirmar con toda certeza, que la especie humana es de origen extraterrestre y que fue plantada en la tierra en pequeñas colonias de humanos procedentes de diversos planetas del Universo y asistida permanentemente por las civilizaciones de origen.

No hay manera de cómo justificar que nuestros ancestros (hace miles de años) tenían más capacidad tecnológica que la que tenemos hoy, tecnología que le permitió realizar obras monumentales que a nosotros nos resultaría imposible realizar a pesar de los avances tecnológicos con que contamos. Tarde o temprano habrá que restaurar la historia haciendo una reconstrucción real de los hechos para así poder llegar a la conclusión de que somos descendencia de otras civilizaciones provenientes de varios puntos del Universo.

Para justificar tal afirmación veamos lo siguiente:

Identidad y tiempo:

a) Identidad: Elementos característicos que imprimen originalidad a las distintas razas que hacen que cada raza sea única y diferente de las demás tanto física como socioculturalmente.

Renglones básicos: **1) rasgos biofísicos y 2) rasgos socios culturales.**

1) Rasgos biofísicos: son aquellos que imprimen originalidad a una determinada raza haciéndola singular en sí misma. Ejemplo: a) <u>color de la piel y b) estructura facial; nariz, labios, ojos, pelo, timbre de voz entre otros.</u>

2) Rasgos socios culturales: son aquellos que le son intrínsecos a una raza determinada y que la identifica como tal. Tales rasgos son conservados de generación en generación, ejemplos: <u>música, credo, vestuario, forma de escritura y en cierto modo, costumbre alimenticia entre otros.</u>

Nota: Los Credos ancestrales podrían ser un sentimiento latente en el subconsciente genético de cada raza heredados de la civilización de origen. No me refiero a las Iglesias modernas que han sido fundadas en los últimos 2.000 años y que no han hecho más que plagiar y modificar las creencias ancestrales, e incluso, a los propios dioses. Me refiero a los Credos o creencias que estuvieron presentes en las tribus más antiguas que por primera vez habitaron el planeta y que por alguna razón la historia ha ignorado. Las Iglesias modernas no han hecho más que acomodar dichos credos a sus intereses particulares algo que queda evidenciado cuando la máxima autoridad de la Iglesia Católica, <u>(Papa Francisco)</u> dice: "**... En cierta forma, la idea tradicional de Dios no está actualizada...**" o sea, que según esta declaración parece que se piensa modificar los credos vigentes para de ese modo actualizar la idea de Dios.

<u>http://www.legitimistadigital.com/2015/10/ no-es-necesario-creer-en-dios-para</u>

Para entender la pluralidad, particularidad, originalidad, singularidad y diversidad de las distintas razas, es necesario hacer un análisis profundo sobre las características antes señaladas ya que las mismas son una clara evidencia de que las razas tienen origen diferente, es decir, vienen de mundos distintos cuyas condiciones climatológicas y socioculturales son totalmente distintas. Los rasgos característicos de una raza no se adquieren porque un determinado grupo humano haya vivido un periodo determinado de tiempo en una región geográfica determinada. Ejemplo: Europa y Asia tienen prácticamente los mismos climas, e inclusive, son fronterizos y sin embargo los habitantes de ambas Regiones presentan características totalmente diferentes. La India y china por igual y así sucesivamente. Los países Árabes en su mayoría están situados en el Continente Africano y en el Continente Asiático y sin embargo, ni son de la Raza Asiática ni de la Raza Negra. Cada raza está marcada con perfiles tanto físicos como socioculturales diferentes. La India corresponde al Continente Asiático sin embargo los Hindúes son diferentes a los Asiáticos tanto en lo sociocultural como en los rasgos biofísicos. Los Aborígenes o indígenas de América y Australia se diferencian de las demás razas, precisamente porque sus perfiles biofísicos y socioculturales son diferentes a los de las demás razas sin importar la región de procedencia, ya sean de Suramérica, de Centroamérica, de Norteamérica o de las Islas del Caribe, que por cierto, en esta última región (Las Antillas) los extinguieron totalmente.

En honor a la verdad, el planeta tierra nunca ha tenido espacio territorial ni climas regionales tan intensos como para producir las diversas variables que se manifiestan de manera concretas en los distintos grupos étnicos a los que llamamos razas, ni tampoco se puede justificar como un simple proceso de la evolución. No existe ni la más remota posibilidad de que algún fenómeno climatológico pudiera haber dado lugar a tales variables en la especie humana.

Los evolucionologos o evolucionistas no podrán probar jamás que las distintas razas provienen de un tronco común ya que para eso tendrían que probar: porqué desapareció el Homo Neandertal, el Homo Erectus y el Homo Sapiens entre otros, no así el mono. Parece que estas especies eran más débiles que el mismo mono que le dio origen ya que no pudieron resistir el proceso de la evolución por lo que se vieron en la necesidad de extinguirse. Por lógica, el mono debió desaparecer primero ya que las especies antes señaladas supuestamente descendieron de él. Con esta cadena evolutiva imaginaria se ha pretendido crear un vacío para así poder justificar la evolución ocultando el verdadero origen de la especie humana. No es posible que existieran épocas en las que se produjeran fenómenos climatológicos que contribuyeran a modificar los rasgos biofísicos de las distintas razas, tampoco es posible la transformación de una especie a otra sin que la especie inferior desaparezca. Toda especie que por necesidad se tiene que transformar en una especie superior, del mismo modo tiene que desaparecer la especie inferior que le dio origen puesto de que tal transformación se debió a que ya no resistía el medio y tuvo que mutar para poder adaptarse y sobrevivir.

Los científicos deberán explicar, cuándo surge el conocimiento o inteligencia en el cerebro humano y no así en el cerebro de las demás especie a pesar de que compartimos el mismo espacio físico y las mismas variables climatológicas. Deben explicar a demás, porqué las especies inferiores continúan existiendo en el mismo medio ambiente que las especies evolucionadas, y por supuesto, deben definir cuál de las razas fue primero y cuál le siguió después. Si todo este proceso evolutivo sucedió tal y como afirma esta teoría, sin duda alguna, la humanidad está a la puerta de producir una nueva especie superior al ser humano.

El tiempo de la existencia de la humanidad que conocemos no es suficiente para que se hayan producido las diferentes razas que hoy existen. Las razas están marcadas y diferenciadas una de las demás muy bien definidas y de eso no hay dudas. Aquellos que insisten en demostrar el origen a través de la evolución no hacen más que justificar y promover una teoría que en el fondo es la expresión más elevada del confusionismo intrigante y de la discriminación racial más beligerante y xenofóbica.

La teoría de la evolución fue una estrategia muy bien trazada cuyo fin ha sido, mantener a los científicos ocupados en una especie de laberinto en la búsqueda infinita del origen perdido de la humanidad. Para entender nuestro origen solo basta con entender y aceptar la originalidad de cada Raza ya que cada Raza guarda ciertas características que la distingue de las demás.

Es muy probable que por circunstancias expresas una determinada raza haya perdido los rasgos socioculturales de origen, que muy bien pudo haber sido porque desde el principio esta fue disgregada por lo que no pudo consolidarse como tal y conservar así los elementos socios culturales fundamentales (Credo, Música y Escritura) y que de repente tuvo que adaptarse y adoptar otra cultura diferente a la suya, no así los rasgos y características biofísicas ya que estos solo tienden a desaparecer o adquirir ciertas variantes cuando un individuo de una raza se fusiona con otra generándo un tercero el cual va a heredar rasgos de ambos progenitores. Ejemplo; los Latinoamericanos no constituimos una raza como tal, precisamente, porque somos una mescla de distintas razas. Actualmente las grandes razas conservan su estado original en un 100%.

Todos sabemos que algunas razas todavía no admiten la fusión con otras razas distintas, algo que le permite mantener su identidad como tal. En el caso de que suceda alguna unión de un individuo con otro de una raza diferente hasta podría ser expulsado del clan familiar, es decir, lo desheredan. Esta práctica nos hace pensar profundamente en la particularidad, originalidad e identidad de cada raza. Este es un fenómeno que aunque queramos ignorarlo es algo que está latente en la propia idiosincrasia de cada grupo étnico. Cada raza tiende a identificarse consigo misma porque es esta una condición intrínseca de su propia esencia. A esa condición le hemos dado una connotación negativa designándola como racismo. **No se puede confundir racismo con discriminación racial ya que el racismo es la propia identidad de cada raza, mientras que la discriminación racial es la manifestación emocional negativa de un sentimiento colectivo de xenofobia. Lo más lógico y natural es que cada Raza se identifique consigo misma del mimo modo que cada especie se identifica con su propia especie.**

Una vez reconozcamos que la humanidad es una, única, múltiple y universal terminarán los complejos emocionales de inferioridad o superioridad étnica puesto que todos somos de la misma condición humana. Ser racialmente diferente no hace a una raza superior o inferior de las demás.

Principales Razas: <u>Asiática, Negra, Árabe, Blanca, Hindú y aborigen o Indígena.</u> Obsérvese las diferencias de cada una en relación con las demás. Son así porque así vinieron de donde fuese que vinieren, eso no lo produce la evolución ni la creación mitológica del Jardín del Edén por más que se quiera justificar. Es una realidad que nadie podrá cambiar aunque se construyan mil teorías. Se podrán cambiar y acomodar las condiciones socioculturales, pero la realidad biofísica seguirá siendo inalterable a menos que una raza se fusione con otra.

No es posible que personajes de la talla de: Caín científico y arquitecto, Magistrado y arquitecto como Moisés, Reyes, Monarcas y Emperadores como; David, Salomón, Ramsés II, Akenatón, Tután Camón, Cleopatra, Julio Cesar entre otros, así como Filósofos de la estatura de Sócrates, Aristóteles, Platón, Plotino, Anaxágoras, Heráclito, Parménides entre otros. Matemático como Pitágoras. Medico como Hipócrates descendiente de Asclepios Dios de la medicina, Guerreros como Hércules, Sansón, Aquiles y Ulises entre otros, hayan sido producto de la evolución, es decir, descendencia de mono. No creo que esto pudo ser posible, por lógica es inamisible. La sabiduría y el poder de estas gentes fue tan grande que nadie ha podido superar después de haber transcurrido miles de años.

Me parece muy extraño, el hecho de que estos personajes alcanzarán tales dimensiones en tiempo en que ni siquiera existía academia alguna en donde se pudiera adquirir tantos conocimientos, tantas destrezas, tantas habilidades, tanto poder, tanta fuerza y tanta sabiduría. Pero lo más curioso es, que algunos de ellos aparecieron de la nada y ni siquiera cuentan con genealogía como es el caso de Caín, Moisés, Tután Camón, Cleopatra, Hipócrates, Sócrates, Hércules, Sansón, Aquiles y Ulises entre otros. Muchos de ellos aparecieron y luego desaparecieron como por arte de magia. La única referencia que se hace de ellos es, que descendían de un determinado Dios o diosa.

Es una pena que la humanidad, y muy especialmente el mundo académico, hayan adoptado la teoría de la evolución como parámetro para definir el origen e identidad de la especie humana. Quizás Charles Darwin estuvo las mejores intenciones cuando elaboró su propuesta sobre la evolución de las especies, pero eso no significa que estuviera razón en sus planteamientos ya que esta es una visión sumamente estrecha de la dimensión y grandeza del ser humano. La teoría de la evolución solo se fundamenta en la evolución biológica ignorando así el origen y evolución de la inteligencia si fue que esta evolucionó. Antes que existiera el orangután, el Cromañón y el homo Erectus (si fue que existieron como sostienen los científicos) ya existía el ser humano con todas sus facultades tanto biológicas como cognoscitivas. El ser humano ha estado siempre por encima de todas las demás especies del planeta gracias a la inmensa capacidad de inteligencia que le caracteriza desde antes que habitara en el planeta tierra.

Comparto y apoyo a los Ufólogos que con responsabilidad y esmero se están esforzando en la investigación seria de todo aquello que para la ciencia oficial no es más que ficción, aunque difiero de algunos de sus planteamientos, como por ejemplo: la creación del ser humano por alteración genética, la existencia de los universos paralelos y la existencia de los portales dimensionales entre otros. Creo firmemente en la existencia de civilizaciones con tecnologías ultra avanzadas incomprensibles para la inteligencia de la especie humana que hoy habitamos el planeta Tierra. No tengo la menor duda de que probablemente sean los Ufólogos los primeros en encontrar la verdad de nuestro origen como especie ya que son estos los que están escudriñando con mayor intensidad aquellos acontecimientos que la ciencia oficial no le da la suficiente importancia, como por ejemplo: la presencia e interrelación entre los Dioses y los humanos en las distinta culturas de la antigüedad y la presencia manifiesta en la actualidad de otras civilizaciones proveniente de otros mundos entre otras cuestiones. En algún momento habrá que definir el origen del ser humano aunque para algunos resulte incómodo. En este momento la Ufología se encamina a cumplir con esta ardua tarea ya que esta está llegando donde la ciencia oficial no se ha atrevido ni siquiera a considerar como posibilidad. En un futuro no muy lejano, la ciencia oficial se verá en la necesidad de recurrir a la Ufología para no perder la credibilidad, pero primero tendrá que arrepentirse públicamente por haber ignorado acontecimientos fundamentales para la definición del origen de la especie humana.

Nota importante:

b) Tiempo de la nueva humanidad: Invito a los Arqueólogos, historiadores y Antropólogos a que se profundice en este tema para que no sigamos auto engañándonos con el supuesto Jardín del Edén y la supuesta evolución. Hay que analizar el origen de la humanidad con objetividad, sin apasionamiento y sin manipulación del tiempo y de la historia.

Si hacemos un recorrido minucioso de los últimos 7.000 años nos daremos cuenta que somos una especie relativamente joven. Hace aproximadamente 7.000 años apenas existían pequeñas tribus de humanos dispersas por todo el planeta y por supuesto, en cantidades muy reducidas. Esos humanos independientemente de las tribus o raza tenían las mismas condiciones físicas que posee el ser humano de hoy. Cuando analizamos detenidamente el crecimiento poblacional de los últimos 200 años nos daremos cuenta que la población mundial a pena alcanzaba los 1.000 millones de habitantes para dicha época y que en el transcurso de estos últimos 200 años ha alcanzado la cifra de 7.000 mil millones. Esto es algo que nos hace pensar que la especie humana es relativamente reciente en el planeta tierra. Cuando digo reciente, me refiero a un periodo de tiempo no mayor de ocho mil años. Población mundial 1.800: https://es.wikipedia.org/wiki/ Poblacion_mundial

Obsérvese los siguientes datos los cuales nos podrían ilustrar aún más sobre este particular: Moisés es desterrado al desierto hacia el 1440 aC. Siendo Tutmosis Faraón de Egipto y luego cuando regresa, Egipto está siendo gobernado por el Faraón Menefta, aunque se cree que para esa época gobernaba el Faraón Ramsés II. https://es.wikipidia.org/wiki/Moisés

Es extraño que el libro del Éxodo, (2do. Libro de la biblia) en ninguna parte señala el nombre del Faraón que estuvo que enfrentar Moisés ni el año de su regreso a Egipto. Hago referencia de este dato como un simple paréntesis para dejar bien claro la inseguridad e imprecisión de la historia frente a los hechos a pesar de la importancia y significación que tienen estos para la definición del tiempo y de la historia. El relato Bíblico oculta o ignora datos y acontecimientos de alta importancia histórica quizás por conveniencia, como son; el tiempo en que sucedieron los hechos y los años que vivieron los principales actores de determinados acontecimientos. Pero bien, vallamos a unos datos numéricos sobre el primer censo realizado por Moisés en el Desierto a pesar de que tales datos no son confiables ya que contienen varios errores, pero aun así los tomaremos como referencia.

Moisés realiza un censo de población del pueblo Hebreo aproximadamente en los años de 1440-1445 aC. En dicho censo se contó solo a los varones de 20 años en adelante, dicho censo se realizó por Clanes o Tribus. Los primeros 11 clanes se le contaron según el relato, 601.730 varones que por cierto es un resultado incorrecto ya que cuando sumamos las distintas cantidades de los 11 Clanes existe una diferencia de **45.002** menos con relación al resultado real. Veamos: 43.730+22.200+40.500+76.500+64.300+60.500+52. 700+32.500+45.600+64.400+53.400=**601.730**, resultado según el texto bíblico. Sin embargo, cuando sumamos todas estas cifras los resultados van a ser totalmente distintos, ni más ni menos que **556.53. La diferencia exacta es de 45.002.** Si a estos le sumamos una cantidad igual de mujeres 556.53=1,112.06 más dos hijos menores por pareja los cuales no fueron incluidos en el censo, los resultados serían: **2,224.12.** Más 23.000 de todos los varones de un mes en adelante del clan de los Levitas (que no me explico porque esta tribus se contó por separado) y a esto le sumamos una cantidad igual de mujeres y niñas (23.000) para un total de **46.000** entre varones, mujeres y niñas de un año en adelante. Si sumamos el total de los primeros 11 clanes más el clan de los Levitas tendríamos lo siguiente: 2,226.12+46.000 =**2,272.12.** Esta sería la población del pueblo hebreo para el 1440 aC. (núm. cap. 26, 7-62).

Por otra parte, se cree que para los tiempos de Ramsés II la población Egipcia ascendía a 603.550 varones de más de 20 años de edad, esto habría que multiplicarlo por dos para incluir a las mujeres de más de 20 años que sería igual a 1,207,001. Ahora bien, tenemos que considerar que podría existir una población de menores de menos de 20 años igual o superior a la población de hombres y mujeres de más de 20 años con lo cual se duplicaría la cifra de adultos, es decir, que tendríamos una población de **2,414,002** habitantes en Egipto para la fecha señalada anteriormente. La suma de ambas poblaciones (Hebrea y Egipcia) ascendería a un total de =**4, 709,032** habitantes entre hombres, mujeres, niñas y niños. https://es.m.wikipidia.org/wiki/Demografia_de_Egipto

La fecha sobre el destierro de Moisés se contradice con la fecha de regreso a Egipto ya que en la primera aparece que el destierro fue hacia el 1440 y el regreso hacia el 1279 siendo Ramsés ll Faraón de Egipto. Dice la Biblia que solo fueron 40 años en el desierto, pero de 1440 a 1279 son 161 años de diferencia. Otro dato que no concuerda.

Según estas estadísticas habría que suponer que la población mundial para 1.500 aC. No alcanzaba los 20 millones de habitantes incluyendo la población Asiática y la población Hindú las cuales siempre han sido las más numerosas aunque en el pentateuco (primeros 5 libros de la Biblia) estas poblaciones son ignoradas. Para el año 1 de la Era cristiana, la India contaba con una población de 62 millones y China con 60 millones, mientras que la suma de todos los demás países no alcanzaba ni siquiera los habitantes de uno de estos ulimos dos países. https://es.wikipedia.org/wiki/ Demografia_en_la_Antiguedad

Con relación al crecimiento poblacional y tomando como punto de referencia el 1.500 aC donde probablemente la población mundial no alcazaba los 20 millones de habitantes, tendríamos que llegar a la conclusión lógica, que hace 4.000 años la población mundial no alcanzaba 1 millón de habitantes y 5.000 mil años que no alcanzaba 100.000 mil, y probablemente 6.000 años que la población no llegaba a los 1.000 habitantes y tal vez 7.000 años que se iniciaron las primeras colonias de humanos en la tierra procedentes de otros planetas. Es probable que 7.000 años atrás la población mundial no sobrepasara los 100 habitantes los cuales fueron separados por razas y colocados en diferentes puntos del planeta a lo que llamamos hoy Continentes. Dichas Razas, colonias o tribus estaban separadas por Inmensas extensiones de terrenos y por miles de millas de Océanos donde la comunicación entre las distintas Tribus era prácticamente imposible.

Antes que existieran estas pequeñas colonias ya habían existido otras humanidades las cuales fueron aniquiladas totalmente por razones desconocidas y sustituidas por la humanidad que hoy conocemos. Ahí están las muestras palpables de la existencia de dichas humanidades como son: Los Atlantis, Los Sumerios y el antiguo Egipto entre otros. Todo eso está documentado en Tablillas de arcilla y petroglifos tallados en piedras en paredes de monumentos que ni siquiera la arqueología ha podido determinar con exactitud su antigüedad pero que su presencia nos habla de dicha realidad.

Cuando analizamos los parámetros de crecimiento poblacional de los últimos 200 años nos damos cuenta que la humanidad que conocemos no tiene más de siete u ocho mil años habitando en el planeta tierra. El crecimiento demográfico de cualquier ciudad del mundo nos cuenta que en los últimos 50 años la humanidad ha tenido un crecimiento de aproximadamente un 70% a pesar de todos los métodos anticonceptivos utilizados con el fin de controlar la natalidad mundial a diferencia de la reproducción antigua en la que una familia normal tenia todos los hijos que pudiera engendrar en lo que se podían encontrar familias hasta con 20 y a veces más hijos.

Hacen 417 años fue descubierto el continente más joven (Oceanía, 1601) y 109 años antes había sido descubierto por coincidencia el Continente Aborigen a lo que hoy llamamos américa (1492) que apenas hacen 526 años. Tanto Oceanía como América a la llegada de otros humanos procedentes de otros continentes estaban habitados por seres humanos llamados Aborígenes o indígenas y aun continuamos con la incógnita de cómo y de dónde vinieron estos humanos

Nativos hasta estas partes del mundo. Hasta el momento, todo lo que se ha dicho sobre esta realidad es solo especulación.

Real y efectivamente, eso fue lo que se encontró, seres humanos constituidos en sociedades. Seres humanos idénticos a los seres humanos que llegaron a estos nuevos mundos procedentes supuestamente de mundos civilizados. Y yo pregunto:

¿Acaso habían sufrido estos humanos nativos algún proceso de alteración evolutiva que los hiciera diferentes a los demás seres humanos que venían de otros puntos del planeta? De ninguna manera, la única diferencia era su identidad cultural y su originalidad racial.

A partir de aquí podríamos afirmar que:

la humanidad es una, única, múltiple y universal, por tanto:

Somos el experimento más extraordinario de convivencia interhumana procedente de diversos planetas del Universo cercano en tiempo desconocido.

Las características biofísicas y socio-culturales son el sello indeleble que marca las diferencias entre las distintas razas que habitan el Planeta Tierra.

La originalidad y particularidad de una raza se puede determinar por sus rasgos característicos. Tales diferencias no me son extrañas, no las ignoro, las acepto, las comprendo y las respeto.

Convivir y conciliar con las diferencias es lo que demuestra la grandeza y capacidad que tiene la especie humana para armonizar con todo lo que le rodea, eso es el Universo; particularidad, diferencias, complejidad, diversidad, complemento y total armonía.

En definitiva, lo que importa es la universalidad de la especie humana sin importar la procedencia de cada raza. No existe raza superior ni raza inferior, existe la especie humana única, múltiple y Universal.

El todo no es sin las partes porque las partes constituyen el todo.

10 ACONTECIMIENTOS QUE CAMBIARÁN A LA HUMANIDAD.

Acápite 1- Aceptación del verdadero origen.
Acápite 2- Colapso inminente del sistema de Iglesias.
Acápite 3- Reinversión de las ciencias y la tecnología.
Acápite 4- Reformulación del sistema educativo.
Acápite 5- Reformulación de los sistemas políticos y económicos.
Acápite 6- Aumento de la velocidad en más de 100.000 m/h.
Acápite 7- Captación y condensación de las energías electromagnéticas.
Acápite 8- Inicio de relaciones interplanetarias.
Acápite 9- enfrentamiento entre civilizaciones en la cercanía de la tierra.
Acápite 10-Restauración del Tiempo y de la Historia.

Acápite 1-Aceptación del verdadero origen.

La humanidad está a punto de descubrir sus verdaderos orígenes, lo que constituirá uno de los eventos más extraordinarios que experimentará la especie humana en toda su historia, esto traerá como consecuencia un periodo de confusión colectiva ya que por miles de años a la humanidad se le ha ocultado el verdadero origen.

Se aproxima la hora inminente e irreversible en que se desvelará todo el misterio del origen en la que el ser humano se descubrirá realmente como lo que es, ser único, múltiple y universal, con inteligencia plena y de descendencia de humanos de otros universos sin necesidad de haber pasado por la selva del jardín del Edén ni mucho menos por la alteración o mutación genética.

No es posible que haya habido una transformación biogenética (mutación) de la estructura humana y que tal transformación tuvo que pasar de una especie a otra a través de procesos evolutivos de tiempos indefinidos. Esta teoría me parece una aberración científica, irracional e ilógica ya que una especie tardaría millones de años para convertirse en una especie diferente, y por supuesto, un recorrido evolutivo de millones de años pasando por miles de especies diferentes para luego llegar a lo que es hoy el ser humano. Los evolucionistas no precisan cuántos millones de años tarda una especie para convertirse en otra especie distinta. No lo dicen porque saben que 65 millones de años no son suficientes para la evolución ya que el proceso evolutivo habría que considerarlo a partir de la desaparición de los dinosaurios si fue que existieron. Según los propios científicos esa es la cantidad de años en que sucedió dicho acontecimiento.

En el supuesto de que la teoría evolucionista hubiese estado en lo cierto, el ser humano le esperaría o estaría pasando por un proceso de mutación o evolución semejante a la que paso el mono, es decir, estaría evolucionando hacia una especie diferente. Pero no hay que temer por eso ya que seguiremos siendo humanos aunque con categorías inferiores a la especie que surgirá de la especie humana. Nos pasará lo mismo que le pasó al mono el cual dio origen a la especie humana y siguió siendo mono. ¡Asombroso!. Ojala que las generaciones futuras nos perdonen por tan burda ignorancia.

Aun quedaría la interrogante: ¿De dónde venimos? ya lo sabremos en su momento y de seguro que lo sabremos no muy tardío. Lo que más importa en este momento es, que veamos con claridad que somos una especie exclusiva entre todas las demás especies y que para comprobarlo solo tenemos que establecer diferencias entre todas las especies del planeta, pues, para ello no se necesita ser científico o académico, solo basta con aplicar la razón lógica. Si esto no le convence no se preocupe que estemos a punto de mostrar evidencias de la existencia de otros humanos del Universo.

¿Como se explica que todas las demás especies aun teniendo cerebro al igual que el ser humano no gozan de las mismas facultades intelectivas que goza la especie humana? Esto no fue una falla, pero tampoco un milagro de la evolución, es simplemente que cada especie es idéntica así misma desde su origen.

La inteligencia no es un milagro de la evolución ni el azar de la creación biblica, no es algo que de repente aparece en el cerebro de una especie evolucionada y no así en las demás especies. La inteligencia es una determinación preexistente del creador más allá de los análisis teóricos de determinadas teorías. La inteligencia no está sujeta al encuadramiento de postulados o hipótesis científicas; ni antropológica, ni teológica, ni psicológica, ni siquiera filosófica ya que esta trasciende todo tipo de formulación, e inclusive, va más allá de toda lógica. La inteligencia es innata e inherente al ser humano desde antes de la concepción materna lo cual permite desarrollar el conocimiento y a través del conocimiento alcanzar la sabiduría. La inteligencia no es más que la insustancia que da forma al pensamiento, al conocimiento y a la razón, atributos de lo que no están dotadas las demás especies que cohabitan con el ser humano el planeta tierra. La inteligencia trasciende todo nivel de comprensión teórica porque es la esencia de la sabiduría universal que fluye solo en el cerebro humano al tiempo que nos constituye en cocreadores del Universo. **Inteligencia es igual a existencia más allá de toda comprensión lógica.**

¿Porque se pretende reducir la grandeza humana a un determinismo evolutivo o a una simple manifestación de orden místico religioso? ¿Por cuánto tiempo vamos a continuar con esta pobreza de sabiduría e inteligencia mediocre?

¿Por qué aferrarse a teorías que pobremente definen nuestro origen; una como barro animado y la otra como mono evolucionado? ¿Es que tenemos temor a descubrirnos tal y como somos?

Para tranquilidad de todos, la especie humana jamás paso por ningún proceso evolutivo ni mucho menos se originó en el jardín del Edén. El mono siempre ha sido mono y el Jardín del Edén no existió en ninguna parte. Aunque los más versados y eruditos en ciencias teológicas y en ciencias evolutivas traten de demostrarlo, Jamás lograrán demostrar lo indemostrable. Atreves del ADN nunca podrán demostrar nada ya que existen elementos que resultan indescifrables para las ciencias, elementos que no son más que insustancias a través de las cuales se produce y estructura el conocimiento y que solo los seres humanos poseemos. El ADN de una especie es totalmente incompatible con el ADN de todas las demás especies. Es la demostración más evidente la cual niega categóricamente la evolución.

Estoy plenamente seguro que las ciencias por más avanzadas que sean jamás encontraran ni un solo gen que pueda ser compatible con otra especie por semejante que parezcan. Esto no es posible ni lo será jamás. Cada especie posee un código genético que le imprime identidad consigo misma el cual no resiste ni admite alteración alguna, por lo que a los genetistas se le hará imposible generar una especie distinta alterando el código genético de una especie determinada.

Continuar pensando que la evolución diversificó las especies como por un acto de magia es reducir a la mínima expresión nuestra capacidad de razonamiento lógico y nuestra visión del Universo. Estas teorías son una clara evidencia de que el cerebro humano aún está dormido por lo que no ha alcanzado un porcentaje considerable de sabiduría. Sin duda alguna, podemos afirmar con toda certeza que estas teorías han afectado profundamente la conducta emocional del ser humano constituyéndose en barreras las cuales no nos permite descubrir nuestra propia identidad y nuestro origen como especie.

Nuestra inteligencia ha estado secuestrada por miles de años en una especie de cautiverio tipo laberinto que no nos deja ver más allá. Por una parte hemos permanecido encerrados en el círculo del Jardín del Edén, mientras que por el otro lado hemos sido atrapados en las redes xenofóbicas de la evolución y que tanto una como la otra en vez de contribuir al desarrollo de la inteligencia no han hecho más que ensanchar la confusión y la ignorancia colectiva con relación a nuestro origen.

No somos ni hemos sido jamás animales evolucionados ni mucho menos fruto del accionar místico del jardín del Edén. Hasta que no entendamos esto estaremos encerrados en un laberinto sin salida.

A pesar de lo inteligente que es el ser humano, todavía yace la idea (especialmente en los círculos académicos) de que la vida estuvo su origen en una simple batería y que a través de una trayectoria evolutiva de miles de millones de años dicha batería ha alcanzado la categoría humano-inteligente. Que esta se diversificó originando decenas de miles de especies diferentes creando en cada especie un sello incompatible con todas las demás y que solo la especie humana ha tenido la gracia de haber desarrollado la capacidad de la inteligencia luego que supuestamente se separara de la especie que le dio origen, el mono.

En el libro titulado "NI CREACION NI EVOLUCION" he señalado lo siguiente: "es imposible que exista la evolución lineal, solo existe transformación circular donde las especies mantienen su identidad como tal consigo misma. Ejemplo: el mono a pesar de todas las variedades de monos que existen no ha salido del círculo, sigue siendo mono, y así sucesivamente, aplíquese este ejemplo para todas las demás especies."

¿Por qué en vez de hacer depender al ser humano del animal no se pensó en la grandeza, en la sabiduría, en la perfección y en lo sublime que somos desde nuestro origen más allá de nuestra percepción?

Realmente debiéramos pensar que nuestra identidad tiene origen en civilizaciones ancestrales desconocidas de dimensiones ultra inteligentes y que por eso somos la especie más inteligente del planeta tierra.

¿Por qué no se nos ha ocurrido pensar que las diferentes razas podrían ser un gran experimento de convivencia interhumana procedente de distintos puntos del Universo cercano? Podría ser, ¿por qué no?

Hemos sido dotados de una grandeza extraordinaria que nos permite convivir, interactuar, entendernos, amarnos y respetarnos a pesar de las diferencias propias de cada raza. Somos la especie que mejor representa el Universo ya que el planeta tierra ha sido el punto de convergencia para la convivencia de diferentes razas, pero que en esencia somos la misma especie de humanos aunque de procedencia diferente.

Pienso que los teóricos de la evolución no podrán explicar jamás, porqué la evolución generó las distintas razas, cuál de ellas fue primero y cuál continúo después, por lo que a la evolución habría que definirla como la teoría de la confusión ya que sus postulados no hacen más que crear unas series de interrogantes que ni los mismos teóricos evolucionistas son capaces de resolver, al tiempo de que es una teoría discriminatoria y xenofóbica. Por otra parte, a la teoría de la creación la defino como la teoría del mito puesto de que esta está fundamentada sobre la fábula del jardín del Edén el cual no existió en ningún lugar.

Los evolucionologos o evolucionistas no tienen pruebas suficientes para demostrar cuál de las razas fue primero, mientras que los creacionistas ni siquiera pueden demostrar cuándo y dónde existió el jardín del Edén. Dichas teorías no pueden explicar ni siquiera, si la verdad del acontecimiento que defienden ocurrió antes o después de la desaparición de los dinosaurios si fue que estos existieron. Tales teorías carecen de argumentos históricos, científicos y lógicos para demostrar con veracidad sus postulados. Es tiempo de que hablemos claro aunque para algunos resulte incómodo. Vamos a respetar un poco más la inteligencia y la ignorancia de los demas.

¿Por qué no pensar que allá afuera, lejos de nuestro alcance podrían existir otras civilizaciones y ser estas el fundamento de nuestro origen en vez de continuar justificando lo injustificable?

En la medida en que la humanidad descubra su verdadero origen, en esa misma medida comenzaremos a tratarnos con dignidad y respeto ya que tendremos una noción diferente del Universo, del creador y de la vida. Hasta que la humanidad no acepte su verdadero origen como especie descendiente de otras civilizaciones del Universo, continuaremos actuando bajo el régimen de conducta salvaje.

Convencernos de que no somos barro animado ni de descendencia animal será todo un proceso critico que tomará su tiempo ya que de rechazar estas teorías por lógica tendríamos que aceptar que somos descendencia de otras civilizaciones provenientes del Universo, pero esto es algo que más temprano que tarde lo entenderemos. Probablemente el ser humano sea más antiguo en este planeta que Caín y Adán y que muchas de las especies que conocemos incluyendo al mono.

Es inconcebible pensar que el creador pudiera haber iniciado la creación del género humano a partir de un modelo tan imperfecto como es la imagen de Adán. Si observamos el relato bíblico de la creación nos daremos cuenta que Adán no fue más que un vil mentiroso, un asiduo acusador y un dramático justificador, entre otros atributos.

Usted puede pensar lo que quiera sobre dicho relato, pero yo estoy plenamente convencido de que el creador no pudo haber creado al primer individuo con tantos defectos, e inclusive, con las desviaciones morales que tenía Adán. Ejemplo; **"Esta es hueso de mi hueso y carne de mi carne."** Esta frase demuestra que Adán había conocido a otras que no eran de la misma naturaleza que Eva, y como si fuera poco, Adán acusó a todo el mundo en el supuesto Jardín para tratar de demostrar su inocencia y su falsa pureza ante su Dios. También dijo que Caín y Abel eran sus hijos siendo falso ya que en el mismo texto se demuestra que Set fue su primer hijo, Set fue el único hijo que Adán engendró a su imagen y semejanza Gen 5,3. Adán es el modelo perfecto de la doble moral, se le podría considerar como el padre de la mentira.

Es una pena que tanto la teología como las ciencias evolutivas hayan escogido a los peores modelos para justificar nuestro origen.

Ya es tiempo de que comencemos a prepararnos para un posible encuentro con otras civilizaciones del Universo, con lo cual quedarán al descubierto muchas verdades que se le han ocultado a la humanidad por miles de años. Queramos o no, se aproxima la hora inminente en que se generarán cambios profundos en la conducta de la humanidad. Este es un acontecimiento irreversible a través del cual entenderemos de una vez por todas que somos descendencia de otras civilizaciones del Universo.

Es tiempo de abrir la inteligencia y dejar que el conocimiento fluya a plenitud para que así podamos alcanzar los niveles supremos de sabiduría, niveles que debimos haber alcanzado desde tiempos remotos. **Venimos de civilizaciones superiores, no de especies inferiores evolucionadas ni mucho menos de una composición de arcilla animada.**

Acápite 2- Colapso inminente del sistema de Iglesias.

Es este uno de los acontecimientos que por su incidencia en la conciencia colectiva estremecerá profundamente los cimientos de la humanidad, es sin dudas, el colapso irreversible del sistema de Iglesia. Si observamos con atención notaremos cambios sustanciales que ya se manifiestan en el seno de los distintos grupos socio-religiosos como son, la evidente apatía de sus seguidores en las distintas actividades que realizan rutinariamente estas instituciones.

Actualmente existe un cuestionamiento profundo a nivel colectivo sobre la conducta y la autenticidad de determinados clérigos o ministros que pastorean estas instituciones religiosas, y más aún, las gentes está cuestionando los contenidos de las doctrinas que se siguen aplicando ya que la mayoría de las personas la consideran desfasadas y muy lejos de la realidad. En algunas de estas instituciones han existido y existen prácticas deshumanizantes con las cuales se ha maltratado, humillado y hasta eliminado a personas por pertenecer a otros credos religiosos. Tales prácticas no han sido más que formas sádicas y salvajes de espiritualidades aberrantes.

Todo credo religioso de la índole que fuere si su doctrina tiene como fundamento el culto a la sangre, significa que hay una desviación profunda de la conducta espiritual ya que en el fondo se alberga un sentimiento enfermizo en el cual reside el placer sádico que tiende a practicarse con normalidad como si se tratara de una expresión normal espiritual. Dicha desviación se viene arrastrando desde hace miles de años.

¿Por qué las religiones aluden y enaltecen la sangre de sus héroes en vez de resaltar valores como el amor, la paz, la armonía, la unidad, la solidaridad, la conciliación y la grandeza espiritual de determinados líderes?

Toda doctrina centrada en el dolor, en el sufrimiento, en la sangre derramada, el suplicio, la crucifixión y el sacrificio entre otros, en el fondo va creando y anidando un cultivo de odio, de venganza y de impotencia espiritual que degenera en sentimiento de rebeldía cuyo resultado sería el salvajismo inconsciente. Gran parte de las religiones actuales han fundamentado su doctrina en el culto a la sangre que no es más que puro sadismo. No creo que ningún Dios sea capaz de complacerse con prácticas de esta naturaleza.

El mundo requiere de respuestas espirituales lógicas, claras y precisas, esenciales para el fortalecimiento de su relación con el creador. Respuestas precisas como nuestro origen, la existencia de un ser creador que creo no solo las distintas formas de vidas conocidas en la Tierra, sino, infinitas posibilidades en todo el universo y que al mismo tiempo está presente en cada una de ellas de modo tangible y visible. No un creador guerrero, sádico y destructor, sino más bien, un Dios que ama profundamente su creación y la enaltece en la existencia de cada ser viviente. Un Dios creador en que todo el Universo se armoniza en torno suyo, no un juez verdugo, castigador y condenador como es el Dios del Génesis y del Apocalipsis, un Dios sanguinario e inclemente. El mundo busca a un Dios compatible con el conocimiento y la sabiduría; atributos sublimes que nos hacen semejantes a su propia esencia y naturaleza.

La humanidad siente un inmenso vacío interior, vacío que se profundiza cada vez más, dado que el Dios que predican las Iglesias ha sido usado para manipular la ignorancia colectiva a través del terror ancestral y el anuncio apocalíptico de un juicio tétrico, sombrío y desgarrador. Un Dios que en vez de mostrar bondad, clemencia y amor, se muestra lleno de ira, de odio, de impotencia, y hasta de auto culpabilidad, insatisfecho de su obra. En definitiva, un Dios rebelde, intolerante y devorador. Es por eso que gran parte de la humanidad comienza a sentir sentimientos de duda y confusión; unos se sienten confundido si creer en ese Dios verdugo que se le ha predicado por miles de años o si ese Dios ha sido simplemente acomodado a los intereses de determinadas instituciones religiosas para aterrorizar y manipular la conciencia colectiva.

El mundo está sediento de un Dios que no sea manipulable y que esté más allá de esas doctrinas y enseñanzas que limitan y castran el conocimiento y la libertad espiritual. Innumerables personas están optando por una relación personalizada con el Dios creador sin la necesidad de instituciones o ministros intermediarios. Otros están prefiriendo quedarse sin iglesia y hasta sin Dios ya que su nivel de fanatismo los radicaliza hacia el otro extremo. También están aquellos que cuestionan la real existencia de un Dios que permite tantas diferencias sociales, e incluso, dentro de las mismas iglesias. Por otro lado están aquellos que no son aun del todo ateos, pero que cuestionan el silencio de ese Dios frente a las grandes y atroces injusticias que se cometen continuamente en el mundo. Otros creen pa por si acaso. Existen otros que han preferido optar por una espiritualidad individual, o sea, creer en un Dios creador y universal que interviene directamente sin la necesidad de intermediarios. Por último, están los indiferentes que no les importa para nada lo que pueda estar pasando dentro o fuera de los distintos grupos religiosos. En definitiva, cuando la crisis religiosa se profundice los más afectados espiritualmente serán aquellos que se fanatizaron en una determinada religión.

Indiscutiblemente, es innegable que ya se está produciendo un profundo dilema en la conciencia de gran parte de la humanidad con lo cual se está produciendo un vacío de fe, de forma tal, que las propias instituciones religiosas no saben cómo llenar. Todo esto desencadenará en una gran crisis colectiva y probablemente el resultado será; el desplome inminente del sistema de Iglesias, algo que podría traer como consecuencia una serie de acciones deshumanizantes desencadenando cierta conducta de rebeldía colectiva en algunos grupos radicales que podría llevar al extremo de comportamiento salvaje.

Otra de las razones y quizás la más fundamental es, que se descubrirán verdades que por miles de años se le han ocultado a la humanidad. En la medida en que el mundo se dé cuenta que las Iglesias le han mentido, manipulado y abusando de su ignorancia, en esa misma medida optará por una espiritualidad más personalizada e independiente.

Una gran interrogante que muchas gentes ya se está haciendo es: ¿si nuestro origen no es por la creación de Adán ni por la evolución de las especies, entonces, de dónde se originó el ser humano? Se nos ha dicho por miles de años que Dios creo a Adán y a Eva y ahora sencillamente resulta que la creación no fue así.

Según el más alto monarca de la Iglesia Católica, (Papa Francisco) "Adán y Eva fueron un cuento..." Esa es una verdad, pero ante que el papa lo dijera yo lo había dicho y demostrado en el libro titulado "NI CREACION NI EVOLUCION" pero a pesar de que eso es una verdad yo pregunto:

¿Cómo enderezar ahora esta curvatura sobre una doctrina distorsionada por más de dos mil años profundamente arraigada en la conciencia religiosa de gran parte de la humanidad? ¿Esto se hizo intencionalmente o fue por equivocación?

Esto no es ni será tan sencillo como muchos podrían pensar. Esto sacudirá los cimientos de todo el sistema de Iglesias por lo que debemos prepararnos para este acontecimiento porque sin duda alguna será inminente e irreversible.

Es hora de que nos preparemos porque queramos o no, este es un fenómeno que cambiará de manera categórica la mentalidad de la humanidad. Creo que se hará cuesta arriba pretender incidir en la conciencia colectiva para tratar de revertir tal acontecimiento. No será suficiente con modificar o cambiar doctrinas, aunque me parece que un cambio o modificación de doctrina será muy difícil ya que más del 80% de los líderes y ministros de las distintas Iglesias son profundamente dogmáticos, fanáticos y conservadores lo que le impide ver los errores que se cometieron en la elaboración de doctrinas fantásticas las cuales pierden vigencia y credibilidad con el paso del tiempo.

Parece que a las Iglesias se le ha hacho tarde para la adecuación de sus doctrinas quedándose así rezagadas a una distancia de cientos de años luz frente a los cambios que se están generando en la humanidad. Sin duda alguna, la inteligencia está despertando de forma sorprendente mientras que las Iglesias han optado por conservar sus antiguas doctrinas. En un tiempo no muy lejano los templos no serán más que simples reliquias del pasado. Si crees que estoy equivocado revísese la historia dos mil años hacia tras. Los tiempos oscuros en que se cercenó el conocimiento ya pasaron, tiempos en lo que solo existían unos cuantos científicos que se podían contar con los dedos de las manos. Hoy son miles y miles dispersos por todo el mundo por lo que no será fácil eliminarlos o manipularlos como se hizo en épocas pasadas. A las iglesias se le está yendo de las manos el control espiritual de sus seguidores ya que muchos solo asisten al culto por algún protocolo o por cumplir con algún vínculo familiar, precisamente, porque el mensaje proclamado le resulta un tanto hueco y vacío, o sea, que el mensaje no es compatible con las exigencias espirituales que demandan los nuevos tiempos. Ya no bastan los sermones elocuentes y altisonantes, las cátedras apologéticas, las predicas y discursos dramáticos ni los exorcismos espectaculares para echar algún supuestos demonios que atormentan el espíritu de los fieles. Hoy la gente busca espacios en donde pueda encontrar paz y armonía con los demás, consigo mismo y con su creador. Las Iglesias no se están dando cuenta que el mundo está cambiando velozmente al tiempo que está adquiriendo un conocimiento espiritual por encima de las doctrinas y las enseñanzas tradicionales de dichas Instituciones religiosas. Estas no se han percatado que las ciencias y la tecnología han acaparado la atención de las nuevas generaciones y que a través de estos mecanismos están encontrando nuevas formas de espiritualidades que le resultan más humanizante que las viejas doctrinas impuestas por muchas Iglesias.

Los tiempos del patriarcado y matriarcado han pasado en donde los padres imponían las reglas y los hijos ciegamente las obedecían y es por eso que las principales Iglesias colapsarán inevitablemente. Otra de las razones que llevará a estas Instituciones al colapso total es, que estas permanecen estacionarias en los postulados con que fueron fundadas hace miles de años guiadas por el manual doctrinario con el que fueron creadas el cual no resiste ningún modificación alguna lo que hará que muchas de estas Instituciones queden fosilizadas en la historia. La sociedad crece y se transforma, mientras que tales instituciones continúan aferradas a dogmas y criterios que ya no son compatibles con la mentalidad colectiva, como por ejemplo; el concepto de la creación, el Dios vengador, sádico y aterrador, la figura del diablo, la Iglesia predilecta e intermediaria entre Dios y el ser humano y el famoso juicio final entre otros.

Otra de las cosas que podría poner en situaciones de crisis al sistema de Iglesias es; que muchas de las grandes Iglesias podrían exigir **igualdad de derechos apoyándose en la declaración Universal de los derechos humanos**. Reclamar que por derecho, ninguna iglesia en particular podrá tener más privilegios y beneficios que las demás ya que todas y cada una están constituidas por seres humanos con la misma dignidad y por tanto, todos los seres humanos deben de ser iguales sin discriminación alguna ya que todos estamos revestidos de los mismos deberes y derechos.

Una de las grandes crisis que tendrá consecuencias devastadoras para dichas instituciones es; la aceptación por parte de la humanidad de la existencia de otras civilizaciones fuera del ámbito del planeta tierra lo que sin lugar a dudas pondrá en suma dificultad la teoría de la creación como hasta ahora ha sido planteada en todos los manuales de teología. Algunas iglesias correrán el riesgo de desaparecer ya que no tendrán repuestas para explicar el contenido del relato de la creación puesto que dicho relato no contempla la creación humana fuera del planeta tierra según está escrito en el relato de la creación Bíblica. El sistema de Iglesias no sobrevivirá más allá de tres generaciones consecutivas a partir de la presente generación.

De una cosa que deben estar claras estas instituciones es, que cualquier otra civilización que exista en el universo no vendría a este planeta a buscar el perdón de los pecados, ni a bautizarse, ni a construir más templos, ni a imponer a sus dioses, ni a conciliar con jerarquías eclesiásticas alguna, ni aprobar o desaprobar cultos, ni a clasificar la mejor o peor iglesia, simplemente vendrían para hacernos saber de su existencia y que a pesar de nuestra ignorancia nos seguirán ayudando en nuestro desarrollo como civilización respectando nuestra autodeterminación como parte del conjunto universal. Este será sin dudas, uno de los acontecimientos de mayor trascendencia para toda la humanidad. Ya no seremos la única especie de humanos en el Universo. La presencia de otras civilizaciones tendrá una incidencia capital en la conducta colectividad y por necesidad tendremos que abrirnos a otros Universos. La presencia de otras civilizaciones traerán consigo: nuevas formas tecnológicas, nuevo sistema de velocidad, nueva visión del Universo, nuevas costumbres, nueva visión del creador, nuevas formas alimenticia entre otras. Queramos o no, esto hará cambiar de manera radical la mentalidad de la humanidad de forma inimaginable. No significa que no se tendrá fe, de ninguna manera, sino más bien, que la humanidad tendrá una manera diferente de relacionarse con su Dios, quizás de una forma más sana, más libre y más personalizada sin la necesidad de Instituciones intermediarias las cuales no hacen más que limitar tal relación con el creador, y eso me parecería muy bien porque de esa manera percibiríamos al Creador tal y como es en su esencia y naturaleza no como le parezca a otros que debe de ser.

No descarto la posibilidad de que se podría estar diseñando una nave tipo platillo volador para en su momento hacerla descender en la cercanía del vaticano simulando una visita extraterrestre. Ya se hizo la simulación de un rayo en la cúpula de la basílica de San Pedro cuando se dio a conocer la renuncia del Papa Benedito XVI en el 2013 y posterior a eso, el Papa Francisco dijo que estaba dispuesto a bautizar extraterrestre si se lo pedían, pero anterior a todo esto se inventó la historia de un supuesto encuentro del Papa Juan XXIII con extraterrestres en los jardines de la residencia papal de Castel Gandolfo. No pongo en duda ningún tipo de maniobra ya que en un momento de desesperación cualquier cosa podría pasar. Todo apunta a que se están creando las condiciones para un acontecimiento de esta naturaleza.

Se acerca el momento inminente en que el debilitamiento de las grandes Iglesias será tan profundo que estas tendrán que buscar la conciliación entre sí sin importar las diferencias y los intereses que las separaron. Instituciones religiosas como: el Catolicismo (cristianismo), el Islamismo y el Judaísmo harán un pacto estratégico de conciliación con el fin de mantener cierta vigencia en la sociedad. Esto tres grupos religiosos los unen los mismos lasos y las mismas costumbres espirituales de adoración a las mismas entidades aunque con nombre distintos. Entidades cuya satisfacción más elevada ha sido la destrucción de pueblos y naciones sin la mínima compasión ni clemencia porque así sus dioses lo establecían. Dichas Religiones arrastran toda una historia ensombrecida por la sangre inocente derramada. Estas procurarán la conciliación conveniente a sus intereses terrenos sin que importen los intereses espirituales ya que de lo contrario desaparecerán como bolas de humo. Solo a través de una alianza estratégica podrán sobrevivir aprovechando los vestigios y remanentes de ignorancia que pudieran subyacer en algunos segmentos de la sociedad, pero luego, estas entraran en una profunda contradicción entre sí por el dominio del poder por lo que inevitablemente perecerán.

La vocación más sublime de la humanidad deberá ser siempre, la convivencia armónica con el creador, con el Universo y con todo lo que le rodea sin importar la naturaleza, procedencia, raza o credo religioso alguno.

El colapso será inminente y no habrá manera alguna de evitarlo. No pasarán los próximos 100 años sin que esto suceda y sucederá de la siguiente manera:

Primero: colapsará la Iglesia Católica, Apostólica y Romana debido a unas series de circunstancias que como institución la involucran en crímenes de lesa humanidad entre otras acciones deshumanizantes llevadas a cabo por esta desde su fundación hasta hoy día. Junto a esta colapsarán todas aquellas Iglesias que de una manera u otra descienden de la católica ya que estas están fundadas bajo la misma doctrina y los mismos dogmas. **Llámese como se llame, ya que las mismas no son más que células religiosas procedentes de dicha Institución.**

Segundo: colapsará el Islamismo por haber hecho de su doctrina una práctica salvaje, deshumanizante y aberrante en perjuicio de criaturas inocentes. Colapsará por haber mal interpretando algunos textos de su libro sagrado (el Corán) distorsionando así los principios de sus propias escrituras causando acontecimientos vergonzantes contra la humanidad creyendo complacer con esto a su Dios (Alá) y con ello declarar la guerra contra los infieles inmolándose como un acto de amor y obediencia a su dios para luego alcanzar la trascendencia del alma y obtener los premios del placer otorgado por Alá como recompensa por el sacrificio de su inmolación. Esto no es más que una salvaje aberración.

Tercero: colapsará el Judaísmo por haberse creído el pueblo elegido y protegido de Dios y desde esa óptica; haberle atribuido a Dios acontecimientos de aniquilación universal de la humanidad y luego la confusión de entendimiento y posteriormente ejecuta la destrucción total de Sodoma y Gomorra. De ahí en adelante dicha Religión inspirada por el Dios Yahvé se ha dado la tarea de reprimir, devastar y aniquilar sin clemencia a ciudades enteras para luego apropiarse de tierras y bienes con el pretexto de ser el pueblo elegido considerando a los demás pueblos y naciones inferiores ya que solo ellos gozan del privilegio y favor de ese Dios sádico, guerrero y vengador al que solo se le aplaca la ira con holocaustos salvajes y ejecuciones masivas pasadas por la espada de sus guerreros predilectos.

Estas tres Religiones antes señaladas han estado inspiradas, guiadas, animadas y dirigidas por dioses que no encajan con la lógica de lo que debiera de ser el verdadero Dios creador del

Universo, del género humano y de todo cuanto existe. El Dios de la paz, del amor, de la bondad, de la compasión y del perdón jamás exigiría de este tipo de conducta y es por eso que habría que deducir que dichas Religiones están inspiradas en dioses sádicos que se complacen y alimentan del dolor, la sangre y el sufrimiento tanto individual como colectivo, e inclusive, para estas Religiones la sangre derramada es un símbolo de redención. Puro sadismo disfrazado de espiritualidad.

Nota: No incluyo al <u>Nosticismo, al Hinduismo ni al Budismo</u> ya que estos no tienen categoría de Iglesias, aunque están inspirados sobre el pensamiento de un líder espiritual a quien denominan profeta. Su práctica espiritual está centrada en una especie de reflexión no atada a una doctrina específica. Se fundamentan en una espiritualidad de interrelación individual con su Dios. Además, como sociedades espirituales no tienen una imagen histórica manchada de sangre como en el caso de las anteriores.

Antes de que pasen los próximos 100 años, el sistema de Iglesias habrá menguado en más del 75%. Para ser exacto, no sobrevivirá por más de tres generaciones consecutivas a partir de la presente generación y no habrá forma de revertirlo ya que las generaciones subsiguientes no conciliarán su fe con este tipo de conducta.

No pasarán los próximos 100 años sin que haya desaparecido la imagen del Infierno como lugar de castigo y de condenación. En la medida en que colapse el sistema de Iglesias en ese mismo orden desaparecerá la imagen del Infierno ya que las Iglesias son las que le dan vigencia a esta entidad mística. Llegará el momento en que el ser humano se relacionará con su Creador a través de una relación limpia y sin el germen contaminante de la manipulación y del terror. El mundo amará a su Dios con toda confianza, con toda su alma y con todo su ser sin el maldito temor del castigo y el aterrador juicio final apocalíptico supuesto lugar "del llanto y el rechinar de dientes." Quien fuere que escribiere el libro del Génesis y el Apocalipsis debió haber tenido un concepto distorsionado del amor supremo del creador. Pudo ser que con este tipo de expresión, el autor o autores de estos libros estuvieran la intención de manipulación de la conciencia del ser humano ya que esto jamás pudo ser inspiración del Creador. Todos estos dramas de catástrofes y terror solo existieron en la mente de aquellos cuyo objetivo no era más que impedir que el ser humano se desarrollara a plenitud y que se relacionara plenamente con su creador tal y como él es en esencia.

Tengo que señalar sin ánimo de ofender a nadie, que las Iglesias cristianas a pesar de que se creen monoteístas, o sea, un solo Dios, en el fondo son politeístas ya que adoran varios Dioses puesto de que su doctrina está fundamentada en una jerarquía de divinidades, veamos: primero están los tres dioses principales; Padre, Hijo y Espíritu Santo, en segundo lugar están los Santos como entidades secundarias, en tercer lugar le siguen los Ángeles, a estos le siguen los Arcángeles que ocupan un cuarto nivel y los Serafines que están a un nivel inferior, y finalmente, Lucifer, Satanás o el Diablo rey de los Infiernos el cual tiene tanto poder como Dios ya que este influye libremente en la conciencia de la humanidad para atraerla hacia su reino. Según el relato bíblico ni el mismo hijo de Dios se pudo escapar de la oferta tentadora del Diablo y para colmo, después de su muerte tiene que descender a los infiernos a buscar no sé qué cosa.

Es curioso que Jesús con todo el poder que se supone tenia (según se dice que era el mismo Dios hecho hombre) se encuentra armónicamente con el Diablo y termina dejándolo en libertad. Jesús perdió la mejor oportunidad de erradicar para siempre el mal de la faz de la tierra, o quizás decidió dejarlo libre para que muchos pudieran vivir bajo las influencias de este. O quizás pensó que sin la presencia del Diablo

las Iglesias no tendrían razón de ser, e inclusive, el mismo.

El colapso del sistema de Iglesias no sucederá porque alguien haya proclamado que sucederá, sucederá porque los cambios son un imperativo de los tiempos y se dan cuando se deben de dar y todo aquello que no se ajuste a tales cambios indiscutiblemente perecerá. Es la premisa del axioma universal. El tiempo de los tiempos es el tiempo de la verdad que no es más que el tiempo de la justicia, el tiempo de la luz de la inteligencia, del conocimiento y de la sabiduría y ese tiempo ha llegado y nada ni nadie lo detendrá.

Acápite **3- Reinversión de las ciencias y la tecnología.**

En este cambiar de los tiempos, tanto la ciencia como la tecnología están llamadas a generar transformaciones profundas en toda la sociedad con mira hacia al futuro y ya se vislumbra venir esa luz que apunta hacia la transformación total, especialmente en el área de la tecnología. Tales avances están teniendo una importancia capital en el desarrollo del conocimiento y en el cambio de la calidad de vida de la sociedad, sin estos cambios la humanidad no hubiese alcanzado el nivel de desarrollo que ha alcanzado en las últimas cuatro décadas. Si observamos la manera de cómo se ha expandido la comunicación en los últimos tiempos tendremos que reconocer que la humanidad ha dado un salto vertiginoso en el transcurso de unos cuantos años gracias a la tecnología. La tecnología ha tenido un impacto extraordinario a nivel general logrando cambios profundos en el mundo de los negocios, en las comunicaciones, en la medicina y en los demás áreas de la vida colectiva. Sin dudas que esta está teniendo una incidencia determinante en el crecimiento tanto individual como colectivo. La tecnología es un auxiliar básico de las demás ciencias tanto en el ámbito de las exploraciones como en las diferentes investigaciones científicas. La tecnología debe ser completada con las ciencias

de la razón: como son; filosofía y lógica ya que por haberse
constituido en el auxiliar básico de todas las ciencias podría
correr el peligro de desarrollarse sin una base humanizante,
por lo que la filosofía y la lógica vendrían a nutrirla con los
contenidos éticos y morales fundamentales con lo que se
evitaría la mecanización de lo humano. Tanto la filosofía
como la lógica deberán ser materias de estudio para todas las
carreras científicas para de ese modo enriquecer con mayor
profundidad el desarrollo del conocimiento en la búsqueda
del por qué y el cómo de todo lo relacionado con el área
científica en cuestión.

Entendiendo que por ser estas las ciencias de la razón
pura, han de ser la base fundamental para el conocimiento
puro lo que contribuiría enormemente a la humanización del
quehacer científico. La sabiduría y la tecnología no destruirán
a la humanidad como se pensó en épocas pasadas y que
aún hoy piensan algunos, por el contrario, el conocimiento
elevará y engrandecerá cada vez más a la humanidad.

Si los científico,s además de su especialización fueran
también filósofos, jamás se prestarían para diseñar y crear
nada que pudiera dañar o afectar la integridad ni siquiera de
un solo ser humano ya que el verdadero filósofo ama todo lo
que le rodea porque en cada cosa descubre la manifestación
de lo trascendente. A través de la razón pura encuentra la
razón de ser de cada cosa y por necesidad la lógica le conduce
al creador de las cosas como tal por lo que siempre ha de
concluir: que las cosas no son simplemente porque son, sino
que todo existe porque detrás de las cosas existe un ente que
dispuso que así fueran.

La tecnología deberá ser rápidamente influenciada por
estas ciencias ya que esta se desarrolla de manera vertiginosa
y podría fácilmente desligarse de la ética resultando en cierto
grado peligrosa para la humanidad futura. Todos sabemos que
la tecnología se desarrolla velozmente y eso es bueno, pero se

deben tomar las prevenciones necesarias a tiempo tratando de humanizarla lo más posible antes de que sea tarde.

Actualmente la tecnología se ha constituido en un elemento vital en la vida cotidiana abarcando las diferentes esferas sociales acaparando así la atención de un alto porcentaje de la población. Todo el mundo se está involucrado de alguna manera en ella, y que bueno que así sea, porque con facilidad las gentes la ha asimilado. La tecnología es todo un fenómeno de los nuevos tiempos que pone de manifiesto de lo que es capaz de alcanzar el conocimiento humano sin mayores dificultades. Esta se ha constituido en la ciencia líder, simple y sencillamente porque el ser humano está ansioso de conocimientos y atreves de ella está descubriendo cosas extraordinarias sin la necesidad de ningún tipo de instrucción, llámese orientador, instructor, maestro o profesor.

El desarrollo de la tecnología será espantoso en los próximos 100 años, de tal manera que quiérase o no, tendrá una incidencia capital en la conducta colectiva de la humanidad.

En el futuro próximos alcanzaremos niveles tecnológicos de tal magnitud que nos permitirán comunicarnos e interrelacionar con otras civilizaciones del Universo.

No es un secreto para nadie, que el conocimiento estuvo secuestrado por miles de años y es precisamente en este 4to. Ciclo de la humanidad cuando comienza a desarrollarse, o sea, a partir del 1901 que es cuando termina la era cristiana y se inicia el **Ciclo o era del conocimiento científico y tecnológico.** Aunque estamos todavía en pañales, hemos avanzado considerablemente ya que en estos últimos 117 años se han dado pasos gigantescos en pos del desarrollo de la humanidad, gracias al ingenio y laboriosidad de aquellos que se han atrevido a lanzarse y soñar libremente alcanzando así niveles superiores de inteligencia.

Es probable que algunos cambios que han de darse de manera irreversible pongan nerviosos, sino es que ya lo están, a aquellos que de alguna manera han contribuido a la parálisis del desarrollo del conocimiento y que en ocasiones han sido capaces de satanizar todo lo que significa sabiduría. Todavía hay quienes piensan, que no es bueno que el conocimiento se desarrolle a plenitud porque eso hará que el ser humano se aleje de Dios (puro sofisma) cuando real y efectivamente es al revés, mientras más se desarrolla el conocimiento mayor es la cercanía del individuo al creador y mayor el reconocimiento de su grandeza. No hay que temer, el misterio del origen y de la existencia de las cosas nadie lo negara jamás y si alguien lo hiciere lo haría por hipocresía, por ignorancia, por rebeldía, o porque su capacidad de razonamiento es demasiado limitada para comprender la infinitud de las cosas, e inclusive, la infinitud de la misma inteligencia.

En los próximos 100 años florecerá el conocimiento de manera asombrosa porque las ciencias adquirirán identidad consigo mismas. Es decir, surgirán científicos en todos los órdenes capaces de crear lo nuevo y trascendente.

Solo basta con recordar a algunos científicos del pasado como fuero: Caín, padre de la música, de la arquitectura, de la agricultura y de la minería. Moisés padre del sistema sacerdotal, escultor, arquitecto, padres de los cantores y padre del sistema judicial. Pitágoras, padre de las matemáticas. Sócrates, Aristóteles y Platón, padres de la filosofía y la lógica. Arquímedes, padre de la física. Nicolás Copérnico y Galileo Galilei, padres de la Astronomía. Hipócrates, padre de la medicina. Gutenberg, padre de la imprenta. Albert Einstein, padre de la relatividad y así sucesivamente. En este orden podríamos señalar decenas de verdaderos científicos que fueron capaces de navegar hasta el fondo del conocimiento y volar hasta el infinito de la sabiduría para encontrar allí la verdad de su razón y con ello revolucionar a la humanidad creando lo nuevo.

Todo científico es mensajero de lo desconocido ya que su creación es única, es como si el creador se comunicara con la humanidad atreves de ellos. Con su creación se constituyen en transmisores del conocimiento sublime y de la sabiduría suprema. A ellos se les podría calificar de cocreadores en el proceso continuo de innovación constante del Universo.

En el transcurrir de los próximos 100 años alcanzaremos niveles de desarrollo tecnológico ultra avanzados con lo cual la ignorancia se reducirá a su mínima expresión.

Acápite 4- Reformulación del sistema educativo.

En los últimos 117 años, o sea, después que comenzó el **"Ciclo del conocimiento científico y tecnológico"** ha habido un despertar del conocimiento, especialmente en las últimas cuatro décadas, es decir, a partir del 1970 hasta nuestros días en lo que se a experimentado un extraordinario salto en todo lo relacionado al desarrollo de la inteligencia expresado de manera evidente en el mundo de la tecnología, esto se debe al deseo profundo que tiene el ser humano de descubrir y explorar todo el potencial de su capacidad que por miles de años ha permanecido dormida y es precisamente ahora que dicho potencial comienza a encenderse en la memoria. El ser humano está entendiendo que su capacidad es infinita e ilimitada y solo atreves de ella puede alcanzar niveles de sabiduría y conocimiento pleno. Queramos o no, nos encaminamos hacia una nueva dimensión del conocimiento y de la inteligencia. Estamos a punto de alcanzar niveles por encima de los estándares establecidos en los formatos educativos. Ya se están rompiendo los parámetros de mediciones del coeficiente de inteligencia, es decir, comienza a aflorar en las nuevas generaciones un nivel de inteligencia fuera de lo común. Algo extraordinario está pasando en el desarrollo del conocimiento de las nuevas generaciones ya que se está experimentando un fenómeno en los distintos centros educativos, estudiantes de distintos niveles académicos están poniendo en serias dificultades al sistema tradicional de educación ya que los estudiantes están formulando interrogantes que están por encima de los conocimientos del maestro y esto debería preocupar a aquellos que tienen la responsabilidad de diseñar programas de enseñanzas por lo que se deberá hacer una revisión profunda del sistema educativo vigente. Sabemos que un alto porcentaje de docentes de los diferentes grados académicos están haciendo uso de los medios tecnológicos a su alcance para informarse instantáneamente de cosas que muchas veces son desconocidas por el maestro. Tal avance podría estar generando ciertos conflictos de incomprensión entre estudiantes y educadores ya que muchas inquietudes podrían resultar incompatibles con los formatos académicos establecidos. Esto no puede resultarnos extraño puesto de que tales formatos fueron elaborados mucho antes de que existiera: la luz eléctrica, las computadoras, el teléfono móvil, el internet, el automóvil, las exploraciones espaciales, la radio y la televisión entre otros. Formatos o programas educativos que ya no responden a los cambios que se han generado en los últimos tiempos. De no replantearnos el formato educativo tradicional podría producirse un vacío de contenidos trayendo como consecuencia una profundización de la crisis escolar, algo que ya ha comenzado a sentirse en el sistema educativo vigente.

Veamos una simple muestra del desfase que se está reflejando en el sistema educativo, ejemplo: La decepción escolar ha aumentado de manera desproporcionada ya que por cada 100 escuelas primarias solo existen 10 o 12 centros de nivel secundarios, lo que significa que hay una decepción escolar de un 90% en el nivel primario, es decir, que un 90% no ingresa al nivel secundario, y aun peor del nivel secundario al nivel superior universitario en el que por cada 50 centro de educación secundaria no existen más de uno o dos centros de educación superior. O sea, que menos del 2% de la población estudiantil ingresa a un centro de estudios superiores, pero eso no es todo, existe un alto porcentaje de estudiantes del nivel superior que deserta por determinadas circunstancias sin haber completado una determinada carrera. Es una pena que toda la inversión que se hace en educación se queda solo en la mera alfabetización.

Es urgente un replanteo profundo de los formatos académicos con el fin de que los mismos sean adaptados a las exigencias de los nuevos tiempos ya que la educación deberá jugar un rol de primer orden en el desarrollo de la sociedad por lo que se deberán implementar programas con proyección de futuro que prevean con antelación los alcances de los avances tecnológicos.

Es de capital importancia el que se haga una revisión exhaustiva del paquete educacional comenzando desde el nivel preescolar hasta el nivel universitario. Parece que el método tradicional de querer enseñar de todo no ha sido eficaz ya que el individuo no aprende de nada. Dicho método no ha resultado eficiente para el desarrollo de la inteligencia. Recordemos que antes de que existiera el sistema escolar y universitario existieron científicos insuperables, precisamente, porque estos no trataban de aprender de todo, sino, que centraban toda su atención en un solo renglón del conocimiento.

El sistema escolar debiera tener una mayor flexibilidad donde el niño tenga la oportunidad de definir con libertad su perfil o inclinación científica en el área de su preferencia. El cumulo de tantas cosas diferentes no hace más que intoxicar y asfixiar al estudiante en vez de ayudarlo a desarrollar toda su capacidad de inteligencia. Por naturaleza, todo niño en su primera infancia es filosofo porque sin que nos demos cuenta siempre está interrogándose sobre todo aquello que le rodea, es por eso que la primera pregunta que todo niño hace es: ¿Por qué? pregunta a la que casi nunca sabemos responder. Precisamente, esta es la primera de las tres grandes preguntas que se formula todo filósofo, luego vienen; el cómo y el para qué. Estas preguntas no están contenidas en el sistema tradicional de educación ¿Por qué?...

Una de las grandes deficiencias del sistema educativo vigente es, que queremos enseñar de todo y terminamos enseñando de nada. El estudiante termina vacío, no aprende ni siquiera los conceptos básicos de su propio idioma. Termina la secundaria y ni siquiera conoce cosas elementales de su propio país. Es más, ni siquiera sabe cómo y cuándo fue fundado su país de origen entre otras cosas. Hay que tomar en cuenta, el porqué del alto índice de decepción escolar que se está generando en los últimos años en todo el mundo. Algo está pasando. Creo que el sistema educativo debe estructurarse acorde con el desarrollo del mercado laboral en todos los niveles como primera garantía para la motivación escolar. Sabemos que existe un gran número de excelentes profesionales que luego de terminar una alta preparación académica se ve en la necesidad, (por razones diversas) de desempeñarse en labores totalmente diferentes a su especialización.

La alta decepción escolar se debe a tres factores fundamentales; 1ro. El sistema educativo ya no responde a las necesidades que demanda la inteligencia de las nuevas generaciones, 2do. El mercado laboral no ofrece suficiente garantía al egresado técnico o profesional, y 3r. Que el estudiante adquiere su mayoría de edad durante el periodo de aprendizaje y se ve en la necesidad de abandonar los estudios para cumplir con otras exigencias y responsabilidades. Es urgente que se replantee lo antes posible todas estas cuestiones para así evitar que el sistema escolar colapse. El sistema educativo ya no responde a las exigencias a lo que demandan los nuevos tiempos y mucho menos a las exigencias de los tiempos futuros.

La gente tiene sed de conocimiento y al mismo tiempo un profundo sentimiento de insatisfacción. Esto podemos notarlo cuando sale un equipo nuevo de tecnología, inmediatamente la gente lo busca porque sabe que esto le abre nuevas posibilidades al conocimiento que es y será siempre personal. No olvidemos que la mayoría de los grandes talentos han sido autodidactas, o sea, aprender por sí mismo. Si el sistema de educación no se modifica y se adapta a los tiempos futuros, el aprendizaje individual se desarrollará de manera independiente. No olvidemos que la programación académica que utilizamos hoy es la misma que se implementó cuando surgieron las academias. Ejemplo: el maestro es el que enseña y el estudiante aprende del maestro, y segundo, pretendemos enseñar de todo y terminamos enseñando de nada. Nos preguntamos: ¿por qué tantos años aprendiendo de todo para terminar aprendiendo de nada?

La educación debiera de ser un esquema preciso de sabiduría para que el individuo pueda desarrollar a plenitud todo su potencial de inteligencia especializándose en el área de su preferencia desde el principio. No es justo que le marchitemos la niñez y juventud a un individuo con un programa educativo desfasado donde el estudiante solo aprenda a leer y a escribir y no muy bien, incluyéndome a mí.

En la antigüedad existían científicos respetables, precisamente, porque desde su niñez se dedicaban a tiempo completo a la ciencia de su preferencia. Se prepararon de manera tal en un área específica que nadie ha podido superarlos; recordemos por ejemplo que el filósofo era filósofo, el matemático era matemático, el físico era físico y el astrónomo era astrónomo, etc. Tanto así, que hoy día tenemos que referirnos a sus conocimientos. La educación deberá convertirse en el futuro, en el centro de descubrimiento del conocimiento y la sabiduría produciendo científicos idóneos desde la educación inicial hasta la educación universitaria. No olvidemos que un individuo aprendiendo de todo jamás podrá profundizar en nada.

Lamentablemente, el sistema general educativo es un sistema diseñado solo para alfabetizar a la población con el fin de que esta tenga la capacidad de diferenciar sin identificar lo que tiene que consumir. Es como si dijésemos: todo el mundo sabe leer y escribir pero no todos saben lo que significa lo que leen.

El formato educativo deberá ser reestructurado de la manera siguiente:

1re. Nivel; desde la pre-enseñanza hasta los 8 o 10 años de edad. Nociones generales.

2do nivel; no más de 2 o 3 años de estudios profundo en el área de preferencia del estudiante donde se le ofrezcan nociones generales de los contenidos de todo aquello que de alguna manera se relacione al área que haya preferido el estudiante.

3er.nivel; grado superior, se trata de que el estudiante conozca de manera total todo aquello que guarda estrecha relación con la carrera que ha elegido sin que se distraiga con teorías que no le son útiles a su carrera. Llámese materia chatarra

En este nivel el estudiante se deberá concentrar: en la profundización, en la investigación, en la conceptualización, en la intuición, en la experimentación, en la historicidad, en la comprobación, y en la comparación de la materia en cuestión, será esto lo único que le dará suficiente solidez a su conocimiento científico.

Hay cuatro elementos que son básicos para el conocimiento y que en un nuevo formato curricular no se deberán de obviar, ellos son: **Tecnología, Lógica, Filosofía y Ecología:**

a) La Tecnología, porque es el auxiliar fundamental para todas carreras científicas.

b) La Lógica, porque es la base fundamental del razonamiento puro.

c) La Filosofía, porque todo conocimiento deberá estar sustentado en base a los cuestionamientos del porqué y el cómo de las cosas.

d) La Ecología, porque es una prioridad el que las generaciones futuras conozcan el planeta en todas sus dimensiones para que así puedan valorarlo, respectarlo y cuidarlo.

Los asuntos de cultura general se aprenderán en la medida en que el docente se cierna en la investigación profunda de su carrera. Un verdadero científico es aquel que tiene pleno conocimiento en un área específica sin necesidad de saber de todo. El que pretende saber de todo termina sin saber nada de nada.

En el futuro próximo pasaremos:

a) De una educación subjetiva y teórica a una educación objetiva y personalizada.

b) De una educación multicontenidos, pasiva e interdisciplinaria a una educación sólida, dinámica, sistemática, sintética y unilateral.

c) De una educación horizontal a una educación vertical.

d) De una educación teórica a una educación lógica y práctica.

e) De una educación conceptual y abstracta a una educación de lo concreto y tangible.

f) De una educación circular a una educación lineal.

h) de una educación colectiva a una educación individual, entre otros.

Sugerencia:

BANCO MUNDIAL DE CAPITAL INTELECTUAL

Se deberá crear **El Banco Mundial de Capital Intelectual** el cual se encargará de recopilar y registrar todas las informaciones de los talentos académicos, científicos y tecnológicos del mundo. Esto facilitaría que cualquier nación pueda tener aseso a los servicios profesionales que necesite en cualquier área del conocimiento científico y tecnológico.

Cada país deberá contar con una base de datos de capital intelectual tanto de los talentos internos como de aquellos que por alguna razón emigran a determinado país con lo cual se evitaría el anonimato de tantos talentos en todos los órdenes. Dicho registro deberá ser tramitado luego al **Banco Mundial de Capital Intelectual.**

Todos sabemos que actualmente el sistema intelectual es prácticamente huérfano ya que no cuenta con una institución ni nacional ni internacional que garantice que el talento Intelectual pueda ser útil y productivo ya que el esfuerzo y el tiempo dedicado a la preparación académica debe contar con alguna garantía tanto a nivel local como internacional ya que el conocimiento no debe tener fronteras.

Cientos de miles de excelentes profesionales (hasta con maestría) se ven en la necesidad de desempeñarse en oficios muy distantes de su preparación académica, oficios que pueden ser realizados por cualquiera persona aunque ni siquiera sepa escribir su nombre, precisamente, porque no existe un organismo que haga valer el esfuerzo y el conocimiento de estos individuos. Este es un fenómeno mundial. Cada vez que se pierde uno de estos talentos; pierde el estado, pierde la sociedad y pierde el mundo.

Qué sentido tiene el que una persona se dedique a prepararse durante la mitad de su vida en una profesión determinada (muchas veces hasta con maestría) cuando realmente no existe un organismo que garantice la productividad futura de los conocimientos adquiridos. Quizás se deba a cierta negligencia de los Estados y de Instituciones Internacionales a pesar de que tanto el Estado como algunas Instituciones cuentan con el poder y la capacidad suficiente para garantizar acciones en favor de dichos talentos. Es una pena que después que el Estado o alguna Institución ha realizado ingentes inversiones en la preparación de determinados individuos estos se vean en la necesidad de abandonar todo el conocimiento adquirido para ejercer trabajo no compatible con su especialización.

En mi estancia en Los Estados Unidos de Norte América he tenido la oportunidad de conocer casos de Doctores en Medicina y excelentes Abogados trabajando como taxistas o como simples obreros en construcción, Ingenieros, Arquitectos, contables y Maestros universitarios trabajando como cocineros de restaurant o limpiadores de pisos y cristales de algún establecimiento comercial entre otros. Eso no es justo.

Debemos aprovechar a máxima capacidad el capital intelectual ya que resulta sumamente costoso tanto para el Estado, para la familia así como para la sociedad preparar académicamente a un individuo para luego dejarlo en el anonimato. Anteriormente señalé, que un 2% y quizás no más de un 3% de estudiantes que ingresan a una escuela llegan a completar sus estudios profesionalizados. Es por esta entre otras razones que urge la creación de un Organismo capaz de garantizar y validar a todo profesional titulado venga de donde venga.

El Banco Mundial de Capital Intelectual será uno de los mayores aportes que nuestra generación podría ofrecer a la humanidad para su desarrollo en las diferentes áreas del conocimiento tanto en el presente como en el futuro. Tenemos que globalizar el conocimiento obviando las fronteras políticas, religiosas y geográficas.

Acápite 5-Reformulacion del sistema socio-político y económico.

En los próximos 100 años habrá una recomposición de los modelos socio-políticos y económicos vigentes lo cual traerá como consecuencia cambios profundos en la conducta colectiva.

En la medida en que colapsen las grandes Iglesias, se establezcan reformas en el sistema educativo, se desarrolle con mayor amplitud la tecnología, se alcancen velocidades de más de 100.000 millas por hora, se integren las energías magnéticas al consumo masivo, se descubra la verdadera identidad de la especie humana y se manifieste la presencia física de otras civilizaciones del Universo, será más que suficiente para que se produzcan cambios extraordinarios en todos los órdenes, especialmente, en las estructuras que rigen los grandes sistemas de control de la humanidad. Todo esto traerá como consecuencia; la eliminación de fronteras, cambio en el control migratorio, implementación de nuevas formas de intercambio comercial, surgirán nuevos sistemas políticos, se establearán intercambios interplanetarios entre otros. Esto tendrá una incidencia extraordinaria en el orden político y económico de todo el mundo. Se establecerán políticas codificadas de alcance internacional de manera que el desarrollo económico ya no estará sujeto a las fronteras de lo nacional, sino, que estará circunscrito a las necesidades globales. Los grandes monopolios económicos y financieros se debilitarán hasta la mínima expresión porque surgirán nuevas modalidades de intercambio comercial que por necesidad darán nuevas formas de desarrollo a la sociedad. Los sistemas económicos y financieros actuales desaparecerán ya que estos solo se han empeñado en la centralización y acumulación de capitales sin que le importe para nada el desarrollo de la humanidad ni el destino del planeta.

Vivimos en un sistema tanto político como económico donde los verdaderos generadores de capitales no son más que simples instrumentos de producción sin que estos tengan la mínima participación de los recursos generados. Es un sistema en el cual los emporios financieros solo se interesan por los beneficios que pueden percibir a través de la explotación de la fuerza laboral del colectivo. Tanto los sistemas económicos como los sistemas políticos vigentes más que ser instrumentos de desarrollo son una réplica moderna de los sistemas de esclavitud del pasado. Ellos le ponen precio a cada hora de trabajo que es lo mismo que poner precio a cada hora de vida porque cada hora de trabajo significa una hora menos de vida en la existencia de cada individuo.

Tanto la economía como la política se han de ajustar por necesidad a los cambios inminentes que se han de producir en el futuro próximo porque estos cambios son un imperativo el cual demanda cabios profundos en los modelos políticos y económicos vigentes. Los agentes en cuestión aún no están atentos a estos cambios que se están generando velozmente a nivel global a pesar de que ya se comienzan a sentir los impactos de una política económica sin fronteras.

La economía global del futuro próximo no será agrícola, ni de manufactura ni siquiera industrial, será una economía predominantemente tecnológica porque es esta una condición esencial del **"Ciclo del conocimiento científico y tecnológico"** y es por eso que la economía se deberá adecuar a este nuevo sistema de desarrollo que ya experimenta la humanidad.

Se deberán reformular los diferentes sistemas políticos y económicos orientándolos al desarrollo integral y colectivo, de tal manera que impacten directamente en el crecimiento individual donde los entes de producción tengan participación directa a los beneficios generados, solo así (con la socialización de los bienes) estos sistemas tendrá razón de ser en el futuro, de lo contraria estarían en riesgo de colapsar como sistemas.

Por ser la economía la principal fuente de sustentación de todo ser humano se hace necesario la humanización de esta de manera tal que se enaltezca al individuo en vez de considerarlo como un simple instrumento de producción.

Una reformulación profunda tanto de los sistemas políticos como de los sistemas económicos influirá positivamente en el cambio de mentalidad de toda la humanidad ya que todo el mundo se enfocará en el desarrollo tanto individual como colectivo.

No pasarán los próximos 100 años sin que se efectúen reformas profundas en los sistemas antes señalados y probablemente esto generará un sistema más humano donde la colectividad tendrá una mayor participación.

Acápite 6-Aumento de la velocidad en más de 100.000 m/h.

En los próximos 100 años la humanidad alcanzará velocidades de más de 100.000 millas por hora. Es casi seguro que no pasará la presente generación sin que antes experimentemos velocidades por encima de las 50.000 millas por hora

Hace aproximadamente 117 años que la velocidad máxima alcanzada no fue más de 8 m/h, o sea, que en la escala ascendente de los números solo se alcanzó un digito. Si calculamos 8 millas por 24 horas sería igual a 192 millas en 24 horas, ni siquiera se superó la velocidad del caballo.

En los últimos 100 años la velocidad domestica vía terrestre se ha elevado a unas 150 m/h lo que equivaldría a unas 3.600 millas en 24 horas, mientras que en el orden aéreo comercial hemos alcanzado 500 millas por hora equivalente a 12,000 m/24h. En el orden espacial hemos alcanzado velocidades de más de 27.000 millas por hora equivalente a 648,000 M/24h. Esto significa que en el área espacial ha habido un aumento de 6 dígitos. Si comparamos la velocidad actual con la de hace 100 años nos daremos cuenta que el salto ha sido extraordinario, pasar de 192 millas en 24 horas a 648.000 millas espacial solo en 24hs. la diferencia va a ser astronómica. A nadie que le dijeran esto hace cien años podía creerlo.

Para los próximos 100 años la velocidad aumentará de uno a dos dígitos más. De 500 millas aérea comercial se elevará a 5.000 m/h. entonces estaremos hablando de 5.000 X 24= 120.000 millas en un periodo de tiempo de 24 horas. En el área espacial pasaremos de 27.000 m/h a 100.000 m/h=648.000 millas en un periodo de 24 horas. Si calculamos esta cantidad en millas recorridas por minutos estaríamos hablando de 10.800 millas por minuto. Es decir, que en el área espacial podríamos recorrer en menos de 5 segundos las millas que recorríamos hace 100 años en 24 horas.

Si un viaje vía terrestre a una distancia de 1.927 millas entre New york y Miami actualmente tarda 27 horas en automóvil a una velocidad continua de 70 millas por hora, ese mismo recorrido vía aérea a una velocidad de 300 millas por hora tardaríamos: 6 horas para realizar el mismo recorrido y nos sobrarían 21 horas, 8 horas para trabajar, 8 horas para dormir y 5 horas de tiempo libre.

La velocidad domestica colectiva aumentará a un mínimo de 300 millas por hora ya que pasaremos a la modalidad <u>aeromóvil</u> en donde el uso de la transportación terrestre se reducirá a la mínima expresión siempre y cuando se trate de distancias domésticas cortas o local lo que proporcionará un mayor desenvolvimiento en el tráfico de las grandes metrópolis y un mayor rendimiento en el desarrollo colectivo.

Si calculamos el tiempo global perdido individualmente por causa de los grandes congestionamientos de tránsito vehicular calculado en tiempo real, significan años perdidos diariamente. Suponiendo que 100 millones de personas en el mundo pierdan una hora diaria por causa del congestionamiento vehicular, estaríamos hablando de 273 años de tiempo real perdido diariamente por causa de una velocidad que no responde a las necesidades que demandan los nuevos tiempos.

Actualmente se enferman y mueren más personas anualmente por stress producto del congestionamiento vehicular que las que pudieran morir en el futuro por accidentes aeromóvil en diez años.

No olvidemos que la velocidad es un imperativo del futuro porque es algo fundamental para el desarrollo de la humanidad y que tendrá repercusiones considerables en la conducta tanto individual como colectiva. La velocidad tendrá un impacto extraordinario en toda la sociedad, especialmente en la economía global.

No podemos ignorar que a pesar del poco de velocidad alcanzado en los últimos 100 años, hemos podido generar cambios extraordinarios en todos los órdenes y de manera muy especial; en la economía, las ciencias y la tecnología. La velocidad seguirá siendo un factor determinante en los cambios que de manera irreversible se producirán en el conjunto social en el futuro próximo, solo basta con observar el área de las comunicaciones la cual hace apenas unos 40 o 50 años tardábamos semanas y hasta meses para comunicarnos de un lugar a otro, sin embargo, hoy nos comunicamos en fracciones de segundo a cualquier lugar del planeta. No es un secreto que la velocidad de las comunicaciones ha generado cambios espectaculares en toda la sociedad constituyéndose así en un factor determinante para el desarrollo.

Hace solo unos cuantos años que para hacer una transacción bancaria de la índole que fuere había que dedicar varias horas de espera, mientras que hoy todo lo podemos hacer desde nuestro lugar de trabajo, desde nuestra casa o hasta desde nuestro automóvil en solo unos minutos usando nuestro teléfono móvil y sin esperar que sea día laborable. Desde hace unas seis o siete décadas no disponíamos ni de radio ni televisión, sin embargo, hoy cualquier acontecimiento que ocurra en cualquier lugar del mundo al instante lo estamos viendo o escuchando por radio, televisión o simplemente por el teléfono móvil. Trasladarse a otro país o continente tardaba semanas y a veces meses, hoy lo hacemos a penas en horas gracias a los cambios de velocidad de los últimos tiempos que han contribuido y facilitado enormemente este desarrollo.

Sin lugar a dudas la velocidad es y seguirá siendo un elemento básico en el desarrollo y fundamentalmente una necesidad del futuro. Quieran algunos o no, la humanidad tiene que crecer y debe crecer porque esa es su vocación más sublime. Vocación que no tiene ningún otro ser viviente de la tierra ni la tendrá jamás, precisamente porque los humanos no somos ni hemos sido en ningún momento de nuestra historia, animales racionales. Simple y sencillamente somos la más alta expresión de inteligencia del Universo. Hemos sido desde siempre seres humanos con conocimiento supremo, inteligencia sublime y sabiduría plena. Es más, **somos la esencia misma del Universo.** Alcanzaremos todo aquello que por naturaleza debemos alcanzar y sin dudas lo alcanzaremos, e inclusive, seremos capaces hasta de transformar el tiempo que de hecho ya hemos comenzado a hacerlo. Podemos estar seguros que en la medida en que logremos conquistar la velocidad, de ese mismo modo manejaremos el tiempo. Lo lograremos, no lo dudes.

No es lo mismo una hora de tiempo a una velocidad de 500 m/h a una hora de tiempo a una velocidad de 5.000 m/h. Ejemplo: en una hora del tiempo actual se podría ir y venir a 500 millas por hora en una distancia de doscientas cincuenta millas, pero a 5.000 millas por hora podríamos realizar el mismo recorrido en menos de 10 minutos. Es decir, que nos estarían sobrando 50 minutos para invertirlos en otras actividades.

La velocidad nos dará la posibilidad de hacer más cosas en menos tiempo, significa que el rendimiento del individuo sería mucho mayor en el menor tiempo vivido. Las acciones que un individuo realizaría en una vida promedio de 70 años, serian 90% más que las que realizaría con la velocidad del tiempo actual. O sea, que 1 año en el futuro equivaldría a las acciones realizadas en 70 años del tiempo actual. Es decir, que si la velocidad actual que es de 500 millas aérea comercial solo nos permite realizar 10 actividades por día, cuando alcancemos las 5.000 millas por hora estaremos realizando 100 actividades por día.

La tendencia de la velocidad en el transcurrir de los próximos 100 años será de 1 minuto igual a una hora, o sea: un minuto de velocidad futura será igual a una hora de velocidad actual. (500 millas por hora será igual a 500 millas por minuto) eso se reflejará de manera indiscutible en el comportamiento tanto individual como colectivo.

En el futuro no se podrá hablar de año tal y como lo conocemos, sino de años velocidad porque la velocidad es un desafío de los nuevos tiempos. Hablar de un año calculado como en el tiempo actual parecería como un siglo. Si en un día realizamos las actividades que normalmente realizamos en un mes estaremos reduciendo el año actual a 12 días del tiempo futuro. No es que cambiemos la salida y puesta del sol, sino que la velocidad alterará de manera irreversible la concepción del tiempo, del espacio y del mundo tal y como lo conocemos. Ejemplo: si no te interesa relacionarte con la noche y vive por ejemplo en Occidente; al ponerse el sol partes hacia Japón, estarás allí exactamente al amanecer del mismo día. O sea, que en cuestión de minutos podrías observar de manera simultánea la puesta y salida del sol.

Debemos prepararnos para experimentar la velocidad impulsada por <u>energía electromagnética condensada</u> la cual estamos a un paso de alcanzar. Energía que sin dudas tenemos a mano, lo único que hace falta es descifrarla y desarrollarla.

Acápite 7-Catalisación y condensación de las energías electromagnéticas.

En los próximos años todas nuestras naves serán impulsadas por **Energía Electromagnética condensadas** la cual sustituirá completamente los carburantes y combustibles fósiles tradicionales. Tal Energía será el resultado de la combinación de oxígeno, extracción y condensación de las hondas magnéticas y la energía solar. Dicha energía se caracterizará por poseer las siguientes propiedades: limpieza, fuerza, potencia y ausencia absoluta de contaminantes. Será más eficaz, de mayor rendimiento y de más fácil producción. <u>Se trata de un compuesto extraído del oxígeno, de las hondas magnéticas y de la energía solar.</u> se obtendrá atreves de extractores de oxígeno, cámaras reconvertidoras de vapor, antenas receptoras, sensores, condensadores de hondas, convertidores de insustancia magnéticas e inversores magnéticos. No habrá necesidad de utilizar ningún otro tipo de combustible como materia prima ni siquiera como auxiliar.

¿Cómo sería esto posible?

La respuesta seria la siguiente;

Si logramos convertir el aire u oxígeno en humedad, la humedad en líquido, el líquido en vapor y el vapor en energía, obtendríamos la **energía negativa.** De tal proceso podríamos lograr extraer; energía y lubricante. Además, obtendríamos agua potable en pequeñas cantidades para consumo humano. Luego tenemos la energía solar que captada y atraída a través de paneles, obtendríamos la **energía positiva;** luego extraemos las energías que fluyen en el Universo a través de hondas magnéticas que podríamos captar a través de antenas y sensores de alta frecuencia a la que llamaremos **energías neutras.** Ya captadas y acumuladas distintas energías en un sistema de cámara convertidor se habrá logrado producir lo que podríamos llamar: **"Energía electromagnética condensada"** de la cual resultaría; la fuerza, la frecuencia, la potencia y la capacidad deseada.

Ejemplo: energía negativa + energía positiva + energía neutra igual a potencia electromagnética condensada: $HV^2 + ES + HM = PEC$.

Definición de la Formula: aire convertido en vapor, vapor convertido en hidrogeno y el hidrogeno convertido de nuevo en vapor, más la energía solar, más las hondas magnéticas, resultado: Energía electromagnética condensada.

Somos la civilización con la velocidad más reducida y limitada en el Universo ya que los combustibles que utilizamos son muy pobres y no generan el grado de potencia requerida, además, son altamente corrosivos, oxidantes y contaminantes. Tales combustibles tienden a producir degaste constante en determinadas estructuras por el alto nivel de corrosión al tiempo que resultan peligrosos dada las propiedades de detonantes que contienen, además, son propensos a sufrir grados de calentamiento imprevisto de modo que al repelerse entre sí resultan explosivos.

Hay que señalar, que a nivel tecnológico y científico no estamos utilizando ni siquiera un 2% de las energías magnéticas que gratuitamente nos ofrece el Universo. Lo poco que usamos solo se aplica a las comunicaciones inalámbricas como la Radio, la Televisión, la Internet y el Teléfono.

Si observamos detenidamente las distintas especies de animales, especialmente, las aves, las especies marítimas y algunas especies de insectos como las abejas y las hormigas entre otros, nos daremos cuenta que tienen la facultad de percibir cualquier alteración de las frecuencias vibratorias de su habitad mucho antes de que suceda cualquier acontecimiento y es por eso que tienden a emigrar a cientos de millas de distancia y luego que pasa el evento regresan a su lugar de origen. Pueden también comunicarse entre sí a través de sensores magnéticos, al tiempo que pueden sincronizar acciones conjuntas de manera espectacular. Sencillamente obsérvese una manada de aves trasladándose de un lugar a otro, o a una comunidad de hormigas en una labor conjunta, o una colmena de abejas fabricando miel, o un grupo de palomas danzando por encima de la ciudad. Hay una comunicación y sincronización permanente de todo el grupo. Existe todo un lenguaje magnético que le permite actuar de manera simultánea.

Si analizamos de manera particular el comportamiento del perro, nos daremos cuenta que este tiene la facultad de percibir olores a distancias incalculables. Eso solo es posible debido a que esos olores que percibe el perro son un compuesto de sustancias esparcidas en micro partículas arrastradas por las hondas magnéticas, y es por eso que el perro puede percibir el objeto a distancias que nadie más puede hacerlo ya que este dispone de un sistema sensorial sumamente desarrollado a través del olfato. No es posible que el perro pueda percibir un objeto a una determinada distancia a través de la corriente del viento, eso no es posible ya que el viento puede ser muy lento y cambiar frecuentemente de dirección, sin embargo, el perro nunca pierde la dirección de su objetivo lo que significa que se conecta con el objetivo a través de las hondas magnéticas las cuales llevan consigo micros partículas del objetivo en cuestión.

Siempre hemos tenido la falsa creencia de que los animales actúan por instinto y este es un concepto totalmente equivocado, pues, ellos poseen habilidades más desarrolladas que la especie humana ya que estos aprovechan con más eficiencia las energías magnéticas que le ofrece el Universo. Las especies reciben y envían señales de información a los individuos de su grupo a través de receptores y emisores de hondas a distancias incalculables.

Producir estas energías no creo que resulte tan complejo. Los seres vivos todos la producimos, sin ellas no es posible sobrevivir. Una de las principales funciones del cerebro es, abastecer todas las células del cuerpo de las energías electromagnéticas necesarias. Lo hacemos de manera automática e inconsciente. Estas energías no solo desempeñan una función a lo interno del cuerpo, sino, que son tan poderosas que las trasmitimos en el entorno que nos rodea, es a lo que llamamos atracción o rechazo. Es ese caudal de emociones que fluye como un imán. Es lo que conocemos como empatía o compatibilidad, y si las energías se repelen, le llamamos apatía e incompatibilidad. Los animales tienden a percibir con mayor frecuencia las distintas manifestaciones de su entorno ya que sus habilidades sensoriales están más desarrolladas que las de los seres humanos. E inclusive, los animales son capaces de interpretar nuestros sentimientos ya sea en contra o a favor de ellos. Cuando enfrentamos a un animal, él puede percibir si existe algún sentimiento de amenaza en su contra, de miedo o de coraje y entonces se prepara para huir o atacar.

Si observamos el funcionamiento de pulmón, nos daremos cuenta que este no es más que una gran cámara laboratorio procesadora de energías. Esas energías llegan al pulmón en forma de insustancias proveniente de los alimentos y del oxígeno; en el pulmón se transforman en vapor y el vapor en sustancia condensada que luego fluye al cerebro para que este las distribuya por todo el cuerpo en condiciones energéticas. La misión del cerebro es básicamente mantener todos los circuitos del cuerpo encendidos de manera que toda la estructura biológica se mantenga vitalizada. El cerebro es un órgano que trabaja básicamente con aquello que podríamos llamar, insustancias convirtiéndolas en energías Electromagnéticas condensadas y luego distribuyéndolas por todo el cuerpo amanera de hondas eléctricas haciendo que se produzcan los diferentes estados emocionales.

Es posible que aquí este el secreto de las energías electromagnéticas y que probablemente otras civilizaciones las estén aprovechando al máximo. Espero que así sea, y si así fuere dentro de poco estaremos preparados para conquistar el Universo.

Acápite 8- Inicio de relaciones interplanetarias.

En la medida en que maduremos como humanidad en esas mismas medidas nos acercaremos a la posibilidad de un gran encuentro con otras civilizaciones y establecer así algún tipo de contacto. Creo que ellos solo esperan que seamos capaces de asimilar su existencia y que reconozcamos que estamos en necesidad de ser ayudado, especialmente en el desarrollo de nuestra inteligencia.

Debemos reconocer que somos una humanidad que apena comienza comparada con otras civilizaciones que podrían estar a cientos de miles o de millones de años de inteligencia por encima de nosotros. El momento se acerca, solo hace falta que nos abramos a otras posibilidades de existencia y dejemos de pensar que somos los únicos seres inteligentes del universo.

Sé con toda certeza, que otras civilizaciones no tienen ni la más remota intención de invadirnos con el fin de buscar algún tipo de beneficio para sí, en el caso de que así hubiese sido, hiciera tiempo que lo hubiesen hecho ya que ellos tienen el poder, la capacidad y los medios tecnológicos para hacerlo. Ellos no tratarán de ningún modo de incidir en nuestra determinación, ni mucho menos manipular nuestro desarrollo, o de intervenir en nuestra forma de convivencia. Si ellos lo hubiesen querido hacer, lo hubiesen hecho sin que pudiésemos impedírselo ya que nosotros no tenemos la capacidad para enfrentarlos. Ellos solo podrían intervenir de manera directa si perciben algún peligro inminente que pudiera poner en peligro la estabilidad armónica del planeta para así evitar cualquier catástrofe que pudiera afectar algún sector importante del Universo.

Con relación a la presencia de otras civilizaciones en nuestro planeta no debiera asustarnos ya que ellos no vienen como conquistadores ni como invasores, sino, como impulsores del conocimiento que tanto necesite la humanidad. Sin lugar a dudas que ellos mostraran su identidad en el momento que lo consideren conveniente. Mientras mayor sea nuestra madures como civilización, mayor será su presencia física entre nosotros.

Veo con tristeza, que en nuestra inocente y débil inteligencia veamos a estos humanos de más allá, con cierto sentimiento de inferioridad, de modo tal, que hasta somos capaces de hacer caricaturas de ellos como si se tratara de una especie de muñequitos deformados, pero en el caso de que estuvieran una estructura biológica diferente a la nuestra, no me cave dudas de que son humanos que están a cientos de miles o millones de años de inteligencia y sabiduría sobre nosotros. Si ellos pueden viajar por todo el Universo a velocidades que a nosotros se nos hace imposible imaginar, mucho menos podríamos determinar su nivel de inteligencia y su capacidad tecnológica. No olvidemos, que nosotros a penas nos estamos iniciando en la vida tecnológica.

Debemos ir pensando en los protocolos que en el futuro estableceríamos con otras civilizaciones del Universo, especialmente, en todo aquello referente a nuestra apertura con el Universo. No somos ni hemos sido jamás el centro del Universo como han creído algunos. El Universo no tiene centro dada su infinitud. Debemos prepararnos para saber qué vamos ofrecer y qué vamos a exigir a cambio.

Los humanos somos la especie más inteligente del planeta, pero al mismo tiempo somos la especie más rebelde y agresiva contra sí misma. Quizás dicha agresividad se deba a la ignorancia de nuestro origen e identidad como especie, o quizás se deba a un profundo sentimiento de impotencia por no saber quiénes somos ni de dónde venimos en realidad. Es muy probable que esa conducta de superioridad agresiva que mostramos los humanos sea producto de la falsa imagen que nos han presentado de un Dios aterrador, sádico e inclemente, además de la conducta de mentiras que hemos arrastrado, especialmente en el orden religioso por miles de años.

Es tiempo de que vallamos pensando, cómo adaptarnos a la presencia de otras civilizaciones provenientes del Universo las cuales no están lejos de mostrar su identidad tal como son, con lo cual quedarán sepultadas todas las mentiras históricas establecidas hasta hoy como verdades. En las medidas en que conozcamos a otros humanos provenientes de otros mundos, en esas mismas medidas comprenderemos nuestra dimensión como criaturas.

Para un inminente encuentro con otras civilizaciones debemos despojarnos cuanto antes de todo sentimiento egocentrista, xenofóbico y de absolutismo universal ya que esta conducta no encaja en el concepto de universalidad de otras civilizaciones.

Acápite 9-posible enfrentamiento entre otras civilizaciones en la cercanía del planeta Tierra.

Según los investigadores del fenómeno OVNI estamos siendo visitados por civilizaciones provenientes de mundos diferentes por una cantidad promedio de 1.000 avistamientos por año, es decir, entre dos y tres diariamente y aún desconocemos los motivos de tales vistas. Lo que si es cierto, que con algunos fines lo están haciendo, por lo que me inclino a pensar que también sus objetivos podrían ser diferentes lo cual pudiera dar motivos a posibles enfrentamientos entre ellos, todo dependería de los intereses de cada una de estas civilizaciones.

Somos todavía una civilización vulnerable comparada con civilizaciones que tienen cientos de miles de años más avanzadas que la nuestra, por lo que se podrían dar circunstancias allá fuera que resultarían incomprensibles para nuestra capacidad de inteligencia. Circunstancias que podríamos considerar como simples eventos o fenómenos mitológicos al igual que le pudo haber pasado a nuestros ancestros.

En el libro titulado: NI CREACION NI EVOLUCION he señalado: ellos no vienen a asuntos de negocios ni mucho menos a hacer turismo, vienen con objetivos específicos... Por tanto, como no sabemos si dichas visitas son coordinadas previamente entre ellos o si vienen de manera independiente, es por eso que no puede descartarse en el futuro cualquier tipo de circunstancia fuera de nuestro alcance. Tengo la presunción de que hay más de una civilización que tiene la intención de acercarse a nosotros aunque ya lo están haciendo de manera soterrada y a cierta distancia. Es posible que solo estén esperando un poco más de apertura y madures de parte nuestra para así mostrarse de un modo más visible.

En el libro "NI CREACION NI EVOLUCION" señalo también, "que las razas desde el principio fueron colonias de humanos plantadas en la tierra después de la desaparición de los

Dinosaurios, traídas de diversos planetas y de ahí las distintas características culturales y biológicas de las diferentes razas." Po lo que no descarto que muchas de estas civilizaciones que hoy nos visitan tengan las mismas estructuras biofísicas que nosotros.

En el caso de que así fuere, ellos podrían estar en constante vigilancia y en el momento preciso intervenir en favor de su propia raza mientras que otra trataría de impedirlo produciéndose una conflagración interplanetaria entre civilizaciones las cuales harían uso de toda su capacidad tecnológica.

Si por casualidad fuésemos invadidos por alguna civilización procedente de otro mundo, estaríamos acabados ya que ni siquiera tenemos noción de quienes somos ni de dónde venimos a menos que tal civilización tenga intenciones positivas a nuestro favor.

Acápite 10-Reatauracion del Tiempo y de la Historia.

En el momento en que se haga una restauración justa de la Historia será entonces que se desvelaran y definirán verdades que han estado ocultas por miles de años, especialmente, el origen real del ser humano que conocemos hoy. La restauración del tiempo y de la historia es un imperativo de los nuevos tiempos y aunque resulte incómodo para algunos sectores, se hará por necesidad ya que esta es la única vía por la cual se podrá definir el origen de la humanidad como especie.

No es un secreto, que detrás de la manipulación tanto del tiempo como de la historia ha habido sectores muy poderosos cuyos objetivos han sido propiciar y mantener a la humanidad sumida en estado de ignorancia total sobre el origen de la especie humana. Tales sectores saben muy bien que con una restaurar justa de la historia se desplomarán muchos mitos y quedarán sin vigencia muchas teorías.

Es urgente una restauración de la historia aunque haya que partir de cero. Hay que reorientar a la humanidad cueste lo que cueste por el camino correcto. Nos hemos pasado miles de años viviendo por vivir sin que tengamos conciencia de que nuestra inteligencia ha sido vilmente manipulada.

La restauración tanto del tiempo como de la historia será el salto más trascendental para la humanidad ya que esto tendrá repercusiones profundas en desarrollo del conocimiento y de la identidad de la especie humana como criatura.

En conclusión:
EN TIEMPO DEL NUEVO ORDEN:

Todo cuanto hemos señalado anteriormente nos conducirá irreversiblemente a un nuevo orden orientado a un cambio de mentalidad radical de la conducta colectiva. El nuevo orden es un imperativo, que quiérase o no se da de manera categórica en cada época ya que la sociedad no es estática, es dinámica y cambiante. cada momento demanda de los cambios adecuados que por ley natural necesita la sociedad. Tratar de detener tales cambios es luchar inútilmente contra corriente. A pesar de que esto es una realidad irreversible ya hay quienes están satanizando tales cambios. Estas personas o grupos se apresuran en crear un sentimiento de miedo colectivo haciendo creer que dichos cambios perjudicarían a la humanidad. Estos grupos siempre han sido un obstáculo para cualquier tipo de cambios que contribuya al crecimiento colectivo, y más aún, si tales cambios están orientados al desarrollo del conocimiento. Para ellos es preferible que todo continúe tal y como está, pues esto le facilitaría manipular y explotar la ignorancia colectiva.

El nuevo orden del que hablo es aquel que trae consigo: la restauración de los valores humanos, la elevación espiritual del ser humano, el respeto a la vida y a la dignidad e integridad humana, el respeto absoluto a la historia, la relación armónica del ser humano con la biodiversidad y el Universo entre otras. No el nuevo orden que pretende el establecimiento de un gobierno mundial en detrimento de la identidad nacional. No el nuevo orden que pretende imponer una y única religión mundial en detrimento de la diversidad cultural y religiosa. No el nuevo orden que a través de los medios de comunicación busca la manipulación colectiva tanto de la ignorancia como del conocimiento. No el nuevo orden que pretende reducir la población mundial a la mínima expresión entre otras tantas desviaciones sociales y morales deshumanizantes.

Es contradictorio que aquellos que se oponen a los cambios y que incluso lo satanizan, son los que más se benefician de tales cambios.

¿Es que no recuerdan cuando sus grandes palacios eran alumbrados con mechas empapadas en aceite, o cuando tenían que transportarse cientos de millas en lomos de caballos o de camellos? O es que se olvidaron que para comunicarse tenían que escribir en papiro de piel de animales usando plumas de ave empapándolas en tinta, o simplemente tallando en jeroglífico en tablillas de arcilla? ¿O se les olvido que el automóvil más moderno usado por Reyes, Monarcas y Emperadores no era más que un carruaje tirado por caballos?

El sistema de construcción, de minería, ganadería y de música implementado por **Caín** transformó de manera total a la humanidad de ese tiempo y se constituyó en la base fundamental del desarrollo de todas las generaciones posteriores hasta nuestros días, ignorarlo sería una grave falta de respeto a la verdad y a la historia.

¿Acaso no fue eso un nuevo orden?

El sistema de justicia, sistema de organización social (12 tribus), construcciones monumentales, institución del sistema sacerdotal entre otros implementado por Moisés constituyo un cambió total del comportamiento humano tanto de su tiempo como de los tiempos posteriores.

¿Acaso no fue eso un nuevo orden?

Veamos lo que fue la Era de las monarquías, capitaneada por grandes Reyes, Príncipes y Faraones. Aquí se crearon sistemas de gobiernos con los cuales surge la Republica y toma forma el sistema fronterizo. Se crea el sistema de moneda con lo que queda prácticamente abolido el trueque o intercambio de productos, es a partir de aquí que las cosas adquieren valor monetario (compra y venta) dando como resultado el comercio masivo y luego la acumulación de capitales cuyos resultados fue la diversificación y clasificación de las clases sociales: por una parte, los que acumularon los bienes materiales, por otra los que manipularon a su favor tanto el poder político y el poder religioso, y por último, aquellos que fueron catalogados como parias, plebeyos y esclavos. Por si no lo sabías, esto fue un nuevo orden que aún sigue vigente ¿o no?

El Rey Constantino creo e implemento un nuevo orden con el Edito de Milán del 313 declarando al cristianismo como religión de estado y luego con el Concilio de Nicea, 325 cuyo objetivo fue: constituir una sola Iglesia bajo el poder del Emperador. A partir de aquí se estableció que todo aquel que no se convirtiera al cristianismo debía ser considerado hereje y por tanto debía ser excluido de la sociedad, doctrina que de algún modo ha sido extendida hasta nuestros días ¿No fue esto un nuevo orden?

¿Acaso cuando se pasó del sistema agrícola al sistema industrial, no se creó un nuevo orden? Cuando se sustituyó el alumbrado con gas por alumbrado eléctrico ¿no fue eso un nuevo orden? Cuando se pasó del medio de transportación del camello y el caballo a la máquina de vapor y al motor de combustible ¿no fue eso un nuevo orden? Acaso el avión, las comunicaciones inalámbricas, la radio, la televisión, el internet, los viajes espaciales entre otros ¿no es eso un nuevo orden?

Entonces: ¿Cuál es el temor de que se implemente un nuevo orden?

Si todo esto se consideraba satánico: ¿Por qué esos mismos señores que se encargaban de satanizarlo son los que más se han aprovechado de tales avances? Debieran continuar usando los medios tradicionales para no contribuir con el nuevo orden.

Estamos en los umbrales de un nuevo orden el cual es inminente e irreversible que quiérase o no cambiará de manera total a la humanidad. Muchos le temen porque saben que esto arrasará de raíz con la ignorancia e implantará el conocimiento. Ese nuevo orden no es algo que viene, sino que es algo que ya ha comenzó hace exactamente 117 años, en 1901 y precisamente, en ese mismo año terminó la llamada Era Cristiana y comenzó el **El Ciclo del Conocimiento Científico y Tecnológico**.

A este nuevo orden corresponden: **la creación de las naves aéreas, los viajes espaciales, el teléfono, el internet, la luz eléctrica, el automóvil, la radio y la televisión entre otros. Esos son los verdaderos milagros que engrandecen y transformar al ser humano y al mundo liberándole del demonio de la ignorancia. La inteligencia y la sabiduría son la expresión más sublime del creador manifestada gratuitamente en cada criatura. Está terminando el tiempo del mito y de las supersticiones proféticas apocalípticas con lo cual se abre paso al tiempo de la luz del conocimiento.**

No hay porque temer, la humanidad crece y seguirá creciendo en conocimiento y sabiduría y nada ni nadie la detendrá. En este nuevo Ciclo se implementarán sistemas de ultra tecnologías capaces de anular el espacio en tiempo real.

El nuevo orden que se aproxima trae consigo un extraordinario desarrollo y reordenamiento del conocimiento humano y todo aquel que esté en contra, estará a favor de la ignorancia colectiva y de todo aquello que la alimenta y dimensiona.

No entiendo por qué siempre se recurre a argumentos falaces para tratar de satanizar todo lo que pudiese significar una amenaza para la supervivencia de grupos estructurales que por cierto se lucran con pingues beneficios producto de la ignorancia y la vulnerabilidad de los más débiles. Dichos grupos buscan perpetuarse en el tiempo aunque para ello haya que manipular del modo que sea, tanto la ignorancia como la inteligencia. Es ahora y en este preciso momento cuando real y afectivamente comienzan los cambios inminentes del conocimiento.

Ya se comienza a promover la falacia de que "el conocimiento y la tecnología van a destruir a la humanidad." Es idénticamente lo que paso con Galileo Galilei y con otros pensadores tanto de su época como de épocas posteriores. Todo lo que significa despertar de la inteligencia resulta satánico, e inclusive, se atrevieron a hacerlo contar en la Biblia como si hubiese sido un mandato de Dios. Ahí está escrito la prohibición del conocimiento y la sabiduría cuando dice: "De cualquier árbol del jardín puedes comer, más del árbol de la ciencia del bien y del mal no comerás, porque el día que comieres de él morirás sin remedio." Gen.2, 16-17. Sin duda alguna, esto es una prohibición radical del conocimiento algo que se ha llevado a cabo al pie de la letra por miles de años, promovido por aquellos que prefieren que las gentes se mantenga en estado de ignorancia.

Nos encaminamos de manera inminente hacia la plenitud de la inteligencia, y que bueno que así sea porque esa es nuestra condición como seres humanos. No somos ni hemos sido jamás Homo sapiens,(evolución) calificativo con el cual se nos considera y define como animales racionales que por cierto es un concepto degradante ya que denigra la esencia misma del ser humano como criatura, al tiempo que es una definición profundamente xenofóbica.

Seamos realistas y no nos hagamos los ignorantes solo con el fin de justificar cualquier acción catastrófica y ocultista contra alguien que piensa diferente como ha ocurrido en épocas pasadas.

No olvidemos que el tiempo de las mentiras y de la impunidad siempre resulta corto aunque dure miles de años, mientras que los días de la verdad son interminables y eternos porque la verdad nunca perecerá. Mientras más tiempo se oculta la verdad, con mayor fuerza resurgirá porque la verdad será siempre el estandarte del tiempo y de la historia. La verdad es más resplandeciente que el sol porque a pesar de las tinieblas que puedan ensombrecerla, resurgirá radiante para iluminar los horizontes de los tiempos futuros.

Solo existen tres universales idénticos entre sí y que están por encima de todo cuanto existe, e incluso, de cualquier sabiduría que pudiera existir en el Universo por inteligente que pudiera ser. Ellos son: **1ro. El Creador que es absoluto e indefinible, 2do. El Universo que es la manifestación total de su creador y 3ro. La Vida que es la esencia misma tanto del creador como del Universo.** Tales elementos constituyen una y única e indivisible unidad. Su dimensión es infinita porque son eternos, todo lo demás es semejanza porque lleva en sí el germen que emana de esa trilogía que le imprime particularidad y al mismo tiempo universalidad. Tal esencia es lo que hace que el Universo sea el conjunto de la multiplicidad de semejantes. Todo cuanto existe está determinado por estas fuerzas esenciales y nada puede existir fuera de ellas.

Juan de Dios Cabral
Mayo 10 del 2018

TRATADO-III

CARTA ABIERTA A LAS NACIONES UNIDAS

Al excelentísimo Señor Antonio Guterres.
Secretario general de las Naciones Unidas.

A los Honorables Embajadores.

Extensiva:
A la corte Internacional de los Derechos Humanos.
A las Instituciones Religiosas.
A la comunidad Internacional.

Honorables Embajadores y Magistrados de los Derechos Humanos:

Es para mí no solo un derecho, sino, un deber como ciudadano del mundo exponer ante ustedes el presente tratado sobre la restructuración del llamado calendario Gregoriano ya que este presenta múltiples irregularidades por lo que se constituye en una normativa desfasada que no encaja en las perspectivas de los nuevos tiempos. Sé que dicho tratado podría resultar controversial tanto para el orden político como para el sistema religioso establecido ya que han sido estos los responsables de establecer y mantener dicha normativa la cual resulta arbitraria y contradictoria para la armonía colectiva. En dicho Calendario se impone un lenguaje subliminar que altera sensiblemente los derechos esenciales de las distintas culturas religiosas. Dicho calendario está permeado de divinidades y entidades que solo corresponden al sentir de una Institución religiosa determinada por lo que se constituye en la expresión genuina de la presencia subrepticia de la Santa Inquisición en nuestros días, al tiempo de que es una violación flagrante a los sagrados e inalienables Derechos Humanos.

Me permito apelar ante ustedes y el mundo a través de mis más humildes consideraciones, ya que después de un análisis minucioso de dicho Calendario, he llegado a la conclusión de que este no se adapta como norma general a una sociedad altamente civilizada; 1ro. Porque tiene un alto contenido de discriminación en el orden religioso, 2do. Porque no contribuye a la armonización de la sociedad, 3ro. Porque es un obstáculo para el desarrollo del conocimiento y de la inteligencia, 4to. Porque es violatorio de los derechos humanos, 5to. Porque su estructura es desordena y confusa, 6to. Porque en esencia, es excluyente ya que ignora a los grandes personajes de la historia, 7mo. Porque es un homenaje a personajes de orden religioso.

Honorables Embajadores, los nuevos tiempos reclaman de una cronología civil que contribuya a la conciliación de las diferentes culturas y credos religiosos, a fin de que en lo adelante la especie humana pueda vivir en armonía consigo misma, por lo que sugiero un exhaustivo análisis de dicho calendario con el fin de que se provea a la humanidad de un __Calendario Civil__ que se corresponda con las aspiraciones y perspectivas de la comunidad Universal.

Juan de Dios Cabral
Julio 16 del 2018

Tratado anexo:

TRATADO-III

CALENDARIO CIVIL UNIVERSAL

Considerando, que por ser la humanidad: **una, única, múltiple y universal** se deberán buscar fórmulas adecuadas que contribuyan a la regularización del tiempo y la restauración justa de la historia, de manera que la humanidad pueda vivir en absoluta armonía con todo el Universo y consigo misma, bajo el justo orden de la verdad histórica, para que así y con plena conciencia esta acepte su verdadero origen e identidad como especie universal.

Con absoluto cuidado y suficiente prudencia, he hecho un análisis minucioso del tiempo, codificando así cada ciclo en lineal recta y continúa a partir de la presencia en la tierra de Caín y Adán hasta nuestros días. Consciente de que una de las principales prioridades del hombre ha sido la organización y control del tiempo, precisamente, con el fin de orientar y armonizar todas sus acciones y actividades cotidianas, pero a pesar de los grandes esfuerzos que se han hecho no se ha llega a una conclusión definitiva que satisfaga dicho propósito ya que no existe una cronología lineal que establezca como norma general una relación armoniosa entre las diversas culturas del mundo que ayude a la conciliación universal. Para lograr dicho objetivo habrá que:

1ro. restaurar y ordenar el tiempo en forma lineal y continua tomando en cuenta todos y cada uno de los acontecimientos transcurridos a lo largo de la historia desde sus inicios hasta nuestros días.

2do. Crear una norma cronológica incluyente cuyo contenido no deje espacio para la discriminación grupal o institucional.

A partir de este postulado hemos concluido que:

-Visto los distintos ciclos de la historia y la gran inquietud del hombre por alcanzar la regularización justa y equitativa del tiempo, para de esa forma integrarlo a todas y cada una de las actividades cotidianas.

-Visto los grandes esfuerzos que desde tiempos inmemoriales se han venido haciendo con el fin de establecer una equitativa distribución y contabilización del tiempo por lo que se ha fraccionado en: en Era o Ciclo, en Siglo, años, meses, semanas, días, horas, minutos y segundos.

-Visto el desajuste y dislocación del tiempo de todo un Ciclo con la interrupción de más de dos mil años, (2,000) o sea, todo el ciclo comprendido entre Abraham y Jesús el hijo de María la esposa de José. En este Ciclo o Era se cometió la osadía de contar el tiempo de manera inversa como si el tiempo hubiese ido en retroceso.

-Visto los distintos calendarios, e incluso, los calendarios más antiguos como el Egipcio, el Chino, el Juliano y el Maya entre otros, los cuales datan de más de 500 años, y quizás algunos de ellos de más de cuatro mil años.

-Visto el calendario Gregoriano del 1582, elaborado en el pontificado del Papa Gregorio XIII bajo la asesoría del astrónomo Nicolás Copérnico, que por cierto, este era un protegido de las altas jerarquías eclesiásticas.

-Visto que todos los calendarios han estado inspirados mayormente en los ciclos de la naturaleza y en las distintas posiciones de los Astros con relación a la tierra y que aun en la actualidad existen sociedades que continúan utilizando formas ancestrales para medir el tiempo.

-Visto que en la actualidad aún existen sociedades civilizadas que se rigen con sus propios calendarios ya que el espíritu del actual calendario en vez de unificar, armonizar y concilia a las distintas culturas, creencias y sociedades no hace más que separarlas.

Visto que el actual calendario Gregoriano es de contenido fronterizo ya que solo representa a un determinado grupo religioso ignorando así al 99.99% de las demás entidades religiosas ya que impone una conducta religiosa a la generalidad puesto de que su contenido es un organigrama de divinidades no compactible ni siquiera con la creencia de grupos de la misma corriente religiosa; por ejemplo: Protestantes, Ortodoxos, Anglicanos, Luteranos entre otros. Por tanto, dicho calendario viola la esencia de los derechos y principios de la libertad de cultos expresada claramente en la carta universal de los derechos humanos, derechos que están consagrados en las mayorías de las cartas constitucionales de los países más liberales del mundo. Art. 18

En el actual calendario no existe ni un solo día que no esté dedicado a la conmemoración de una determinada entidad católica, obligando así de manera indirecta a más de la tercera parte de la humanidad a someterse a estas normativas sin que esto forme parte de los sentimientos religiosos y culturales de la gran mayoría. **El actual calendario Gregoriano no es más que la expresión del espíritu de la Santa Inquisición.**

-Visto y minuciosamente analizado he concluido que dicho calendario necesita una profunda revisión y luego una prudente reforma de manera que se adecue a los nuevos tiempos y por ende a la comunidad universal. Un Calendario que recoja el espíritu de las diferentes sociedades integrándolas a la comunidad universal, al tiempo que interprete las exigencias que demanda el actual **Ciclo del conocimiento científico y tecnológico,** por lo que llamo la atención de toda la comunidad universal, especialmente a Las Naciones Unidas (ONU) para que se proceda a una revisión exhaustiva de dicho Calendario cuyos resultados deberán concluir con la elaboración de:

1-Un calendario civil que convoque a la unidad, a la convivencia y a la conciliación fraterna universal.

2-Un calendario civil que no se limite a regular de forma arbitraria la voluntad y libertad religiosa de toda la sociedad.

3-Un calendario civil que en vez de confundir por la complejidad de su estructura, facilite el accionar cotidiano.

4-Un calendario civil que contribuya al desarrollo de la inteligencia, especialmente de nuestros niños y jóvenes.

5-Un calendario civil sin muros ni fronteras en el cual haya equidad e igualdad de derechos entre todos los grupos que integran la comunidad Universal.

6-Un calendario civil que enaltezca a aquellas personas que han contribuido al desarrollo de la humanidad en las diversas áreas del conocimiento.

7- Un calendario civil que represente la esencia de la declaración universal de los derechos humanos, especialmente, el derecho de cada individuo a elegir o no libremente el credo de su preferencia.

8- Un calendario civil compactible con las leyes naturales que rigen el Universo.

Un calendario civil Universal deberá incluir:
La celebración del **"día Universal de la humanidad"** en recordación de nuestro origen e identidad como especie humana. Día de la dignidad e integridad en reconocimiento

a la sublime y excelsa grandeza del ser humano en todas sus dimensiones. Día de los acontecimientos perdidos y de nuestros ancestros desconocidos, **que muy bien podría ser, el día (o) en honor a CAIN por ser este el precursor del desarrollo de la humanidad después del reencuentro. Caín fue el primer hombre que registra la historia capaz de implementar un amplio programa de desarrollo en diferentes áreas como fueron: la construcción, la ganadería, la agricultura, la minería y las artes musicales entre otros. (Gen.4; 17-22).** Esta debería ser la fiesta de mayor trascendencia para el nuevo calendario ya que Caín es el primer modelo de trabajo que registra la historia a pesar de haber sido difamado hasta la saciedad por Adán. Los demás días del año deberán ser dedicados a aquellos personajes que han hecho grandes aportes al desarrollo de la humanidad sin importar nacionalidad, raza o credo religioso. El actual calendario solo proyecta a personajes místicos preferenciales con lo cual se sepulta en el anonimato a hombres y mujeres extraordinarios que bien merecen ser reconocidos y homenajeados por la humanidad. Figuras que deben ser enaltecidas por sus obras cuyos méritos sobrepasan con creces a la mayoría de los místicos que hoy son reverenciados por el actual calendario Gregoriano.

Veamos algunas irregularidades contenidas en el actual calendario gregoriano:

1-No existen dos meses consecutivos que tengan la misma cantidad de días.

2-La irregularidad del mes de febrero que consta de 28 días durante tres años, luego el cuarto año se le cuenta 29 días.

3-En el calendario actual tenemos meses que se le cuentan prácticamente cinco semanas sin embargo, solo tienen cuatro semanas y dos o tres días más lo cual crea cierta confusión en la organización de las actividades cotidianas.

4-Se dice que el domingo es el primer día de la semana, pero por lo general casi nunca cae en la fecha que realmente debiera caer. Debiera caer: **1-8-15 y 22** de todos y cada uno de los meses del año. El sábado es el séptimo día, debiera caer: **7-14-21 y 28.**

5-En todo el periodo anual, no más de tres meses comienzan con el domingo como día primero y el sábado como día séptimo.

En cuanto al año bisiesto se alega que su irregularidad se debe supuestamente a un retraso del tiempo de aproximadamente unas seis horas en el movimiento de traslación de la tierra cada año, sin embargo, los días continúan teniendo las mismas 24 horas. Por lo regular existen épocas del año que dada la posición de la tierra con relación al sol, los días resultan más cortos o más largos y viceversa las noches, pero aún se le cuentan las mismas cantidad de horas.

No creo que en el tiempo que se elaboró el calendario Gregoriano existiera tecnología tan avanzada como para determinar tales detalles, por el contrario, la mentalidad de la época sostenía que la tierra no giraba que lo que giraba era el sol alrededor de la tierra. **Recordemos lo que le pasó a los astrónomos Giordano Bruno y a Galileo Galilei; el primero fue víctima de las torturas y quemado en la hoguera y el segundo murió humillado en prisión domiciliaria simplemente por defender la verdad del Elio Centrismo propuesto por el astrónomo Nicolás Copérnico. Estos fueron condenados nada más y nada menos que por los tribunales de la Santa Inquisición, que por cierto, fue esta la época en que se elaboró, se aprobó e impuso el actual calendario Gregoriano cuya redacción estuvo bajo la asesoría de Nicolás Copérnico el cual estaba estrechamente ligado a la cúpula del poder eclesiástico tal vez de manera involuntaria.**

El calendario Gregoriano es un traje hecho a la medida de una Institución que a sangre y fuego

gobernó al mundo visiblemente por más de 700 años tanto en el orden político como en el orden religioso.
No podemos ignorar que la época en que se elaboró el calendario Gregoriano fue una época que estuvo marcada por grandes intereses, conflictos ideológicos y lucha de poder, especialmente, una época de guerras sangrientas protagonizadas por la competencia de grupos religiosos. Es la época en que los tribunales de la santa inquisición están en pleno apogeo. Es la época en que surge la Reforma Protestante con Martin Lutero. Es la época de la venta de las indulgencias. Es la época del descubrimiento del mundo indígena y es la época en que se pone de manifiesto la esclavitud con la compra y venta de seres humanos entre otros. Todo esto va a tener una incidencia capital en la elaboración de normas que tienen que ver con la conducta individual y colectiva, especialmente, con el control del tiempo y de la historia.

Esta fue una época de transición forzosa de la humanidad en la que todo aquel que no se convertía al cristianismo era acusado de herejía y por tanto debía ser severamente castigado, despojado de sus bienes y finalmente aniquilado de la manera más cruel por los métodos de torturas de Santa Inquisición.

Es la época de los grandes conflictos entre el cristianismo y el Islamismo ya que ambos se disputaban el control religioso de toda Europa lo que trajo como consecuencia el movimiento de las Cruzadas o guerras santas. Es también la época de la competencia entre la Nobleza y el Clero por el control del poder y los bienes materiales.

La ambición sádica de la Santa Inquisición llego tan lejos que todo aquel que era acusado de herejía se le incautaban todos los bienes y propiedades quedando su familia en total desamparo.

El Cristianismo logró el control religioso, control político y por supuesto control del tiempo, precisamente con la elaboración e imposición del calendario Gregoriano de 1582.

Es increíble pero esa es la realidad. Este es un calendario elaborado en un periodo de conflictos y confusiones en todos los órdenes y aún es el calendario que rige y regula nuestras actividades cotidianas a pesar de ser un calendario fronterizo, fuera de contexto y fuera de tiempo. Un calendario que viola todas las prerrogativas planteadas por la carta universal de los derechos humanos.

De una cosa hay que estar claro; quien controla el tiempo controla la historia y todas las circunstancias que suceden en su entorno.

El tiempo es manipulable y es manejado de acuerdo a intereses y precisamente eso fue lo que sucedió cuando se elaboró el libro del Génesis y el calendario Gregoriano que no son más que una distorsión del tiempo y de la historia.

Es el momento de dejar a un lado intereses grupales o individuales y permitir que se construyan normas que tiendan a globalizar los valores sublimes inherentes a la especie humana como son: la libertad de expresión, libertad de elección, respecto a la integridad y dignidad tanto individual como colectiva en la búsqueda de la armonía universal y la solidaridad colectiva.

La convivencia armónica universal es un imperativo categórico que está planteado en el nuevo ciclo el cual inició en el **1901**, hace **117** años y quien no lo acepte, sea persona o institución será excluido del organigrama de la historia quedando fosilizado en el pasado. Los cambios no se detienen, se dan cuando se tienen que dar.

Estamos viviendo en el segundo siglo del Ciclo cuarto de la humanidad, "**el Ciclo del conocimiento científico y tecnológico**" el cual nos proyecta hacia la universalidad, por lo que se demandan cambios en todas las estructuras sociales y el establecimiento de normas generales que armonicen a la humanidad entre sí.

Es tiempo de comenzar a conciliar como especie humana sin pretensiones raciales, sociales o religiosas ya que se aproximan circunstancias extraordinarias para toda la humanidad.

Para una eventual reforma o modificación del actual calendario se deberá hacer contar lo siguiente:

=El año contaría de 13 meses y 52 semanas.

=Todos los meses contarían de 4 semanas normales de 7 días que sería igual a 28 días con excepción de ALIEN que se le añadiría el día cero.

=La semana contaría de 7 días comenzando el domingo como el primer día y terminando el sábado como el séptimo día.

=El año tendría 364 días más el día cero que serían 365. El día 365 sería el primer día del mes de ALIEN y deberá ser dedicado al día perdido del origen de la humanidad como señaláramos anteriormente. Como el primer día del año será domingo, el último día 364 será sábado, luego pasado el día cero viene el Domingo día primero del nuevo año y tendríamos entonces que el primer día de cada año, de cada mes y de cada semana seria Domingo.

=El último día de cada semana, de cada mes y de cada año sería sábado.

=El nuevo mes deberá llamarse **ALIEN** (visitante) con motivo del origen y universalidad de la especie humana y en honor a nuestros ancestros desconocidos que bien podría ser el primer mes del año.

=Todos los acontecimientos conmemorativos a celebrarse el día cero (0) se han de registrar con el día 365 del año que termina. Ejemplo: Día (0)-(365) del 6.117.

=El día cero (0) será el día de recordación de todos los acontecimientos perdidos. Día de recordación de nuestros ancestros desconocidos. Día de la universalidad de la humanidad. Día de nuestro origen.

= De establecerse un calendario de trece meses y que cada mes conste de 28 días las fiestas, celebraciones o conmemoraciones que se realizan el día 29, día 30 y día 31, solo habría que correrlas de la siguiente manera: Las del 29 al día 1ro. Las del 30 al día 2. Las del 31 al día 3 del mes siguiente.

Hay que buscar puntos de convergencia entre todas las culturas del mundo para una justa modificación, reforma o elaboración de un nuevo Calendario Civil Universal que tenga como objetivo; la unidad, la conciliación y la convivencia armónica de la especie humana y la universalización del tiempo.

Un calendario no es solo **365** días, sino más bien, miles de millones de acciones en cada día.

El momento es propicio para la elaboración de un proyecto que universalice a la especie humana en una relación justa con el tiempo.

Un calendario de dimensión Universal no deberá imponer costumbres religiosas en particular a través de días sagrados ya que esto coacciona de manera directa la libertad de culto de los individuos. Las mayorías de los credos religiosos no tienen las mismas deidades que determinado grupo religioso, pero se ven obligados a guardar tales fiestas dedicadas a deidades que no son compatibles con las prácticas religiosas de la mayoria.

El actual calendario Gregoriano es un calendario reducido solo a una parte de los seguidores del cristianismo ya que un alto porcentaje, que incluye: **cristianos ortodoxos, cristianos Episcopales Anglicanos, cristianos protestantes entre otros,** no guardan las mayorías de las fiestas que este contiene. Además, existen varias religiones no cristianas, e inclusive, más numerosas y más antiguas que la institución en cuestión que sus doctrinas no son compatibles a los contenidos del actual calendario. También existe otra parte importante de la humanidad que no practica ningún credo religioso y que merece respeto.

El calendario actual no es más que la expresión de los remanentes de la santa inquisición y de las cruzadas que aún permanecen vigentes 117 años después de haberse terminado el Ciclo de la Era Cristiana, o sea, en pleno **Ciclo del conocimiento científico y tecnológico.** La influencia de dicho calendario ha sido tal, que los últimos 500 años han estado dominados en un 100% por su contenidos religiosos y solo basta con observar algunos detalles, como por ejemplo: instituciones, calles, avenidas, ciudades y hasta países entre que fueron bautizados con el nombre de algún santo o alguna otra entidad religiosa e impuesto por el calendario de la Santa Inquisición que es lo mismo que decir calendario Gregoriano.

Hace falta un calendario civil cuyo contenido inspire unidad y armonía universal, no un Calendario que por su contenido parcializado tienda a crear fronteras entre los distintos credos religiosos. Un calendario que no induzca e imponga de manera indirecta o indirecta una determinada doctrina o creencia religiosa. Un calendario que respecte los derechos individuales sin coacción alguna de la libre elección de credo.

Copyright del libro: NI CREACION NI EVOLUCION"
Pág. 86- 92

Nota: Un calendario civil de dimensión universal deberá ser refrendado por la **Organización de las Naciones Unidas** ONU, no por ninguna institución o asociación en particular ya que ninguna institución sea cual fuere no representa el sentimiento Universal.

Esto es sin dudas un gran recto, pero es nuestro recto y debemos hacerlo ahora, sino, más adelante otros tendrán que hacerlo ya que es una exigencia de los nuevos tiempos.

Propongo que al legislarse para la reforma o elaboración de un nuevo calendario civil Universal se tome en cuenta el tiempo lineal y continuo de 6.117 años para que no se continúe con la forma tradicional que dice: tontos años antes o tantos años después de… o que se cuente a partir del año de 1901, fecha en que comenzó la nueva Era o **"Ciclo del**

Conocimiento Científico y Tecnológico". Ejemplo: año <u>6.117 tiempo continuo, sino, año 117 de la nueva Era o del nuevo</u> **Ciclo del Conocimiento Cientifico y Tecnologico.**

Personajes y acontecimientos que han de contar en un Calendario Civil Universal.

=Día de CAIN: primer científico que piza el planeta Tierra; precursor de la construcción, de la agricultura, de la música y de la minería.

=Día de MOISES: padre y precursor del sistema judicial, de la arquitectura y de los cantores.

=Día del REY SALOMON: el Gobernante de la Justicia y de la Sabiduría.

=Día de HIPOCRATES: padre de la medicina.

=Día de PITAGORAS: padre de las matemáticas

=Día de SOCRATES Y LOS GRANDES FILOSOFOS.

=Día de ARISTOTELES: padre de la lógica y la mayéutica.

=Día de PLATON: padre de la institución de la Republica.

=Día de ARQUIMIDES: padre de la Física y la Astronomía. Creador del tornillo de gusano y de la polea hidráulica. ("dame un pun punto de apoyo y te moveré el mundo"). Primer Mártir de las ciencias antiguas.

=Día de GIORDANO BRUNO: mártir de las ciencias modernas, ejecutado por la Santa Inquisición.

=Día de GALILEO GALILEI: astrónomo y padre del Telescopio condenado por la Santa Inquisición a (prisión domiciliaria) cadena perpetua.

=Día de CONFUSIO: pensador, metafísico, filósofo y filántropo.

=Día de NICOLAS COPERNICO: padre de la teoría del heliocentrismo.

=Día de LUIS PASTEURS: Inventor de la técnica de la Pasteurización.

=Día de JOHANNES GUTENBERG: padre de la imprenta.

=Día de ALBER EINSTEIN: padre de la Relatividad.

=Día de ZACHARIAS JANSSEN: inventor del Microscopio.

=Día de LEONARDO DA VINCI: inventor, filósofo y pintor entre otras.

=Día de BEETHOVEN Y LOS GRANDES MAESTROS DE LA MUSICA CLASICA.

=Día de ANTONIO MEUCCI: inventor del Teléfono.

=Día de BENJAMIN FRANKLYN: inventor del pararrayo y precursor de las Bibliotecas públicas.

=Día de LOS HERMANOS WRIGHT: inventores del Aeroplano (Avión).

=Día de ALESANDER FLEMING: inventor de la penicilina.

=Día de JOHN LOGIE BAIRD: inventor de la Televisión.

=Día de BLAISE PASCAL: inventor de la primera máquina sumadora (pascalina), la prensa hidráulica, los carruajes colectivos y la jeringuilla entre otros.

=Día de TIM TIMOTY BERNARS: creador del Internet.

=Día de THOMAS ALVA EDISON: inventor de la corriente directa o continua.

=Día de RICHARD TREVITHICK: inventor de la locomotora de vapor.

=Día de SIGMUND FREURD: padre del psicoanálisis.

=Día de MAHATMA GANDHI: pensador, pacifista y filántropo.

=Día de MIGUEL DE CERVANTES Y SAAVEDRA: padre de la Literatura Hispana.

=Día de WILLIM SHAKESPEARE; el más probo de la Literatura Universal.

=Día de CARL BENZ: inventor del primer motor de combustión interna.

=Día de NELSON MANDELA: Pacifista, Filántropo y Conciliador.

=Día de JUANA DE ARCO: primera mujer comandanta de un Ejército y luego quemada viva por la Santa Inquisición por el delito de herejía.

=Día del CACIQUE HUAROCUYA (Enriquillo) primer Aborigen sublevado en arma contra la invasión Española ante el maltrato, la humillación y el exterminio de la raza Aborigen en la Hispaniola, tanto por los invasores como por la ignominiosa y brutal Santa Inquisición.

=Día de ANTON DE MONTESINOS: Padre de los Derechos Humanos (Sermón de Adviento 1511).

=Día de NIKOLAS TESLA; padre de la Radio, de la corriente alterna y de la tecnología moderna.

_Día de ISAAC NIWTON; padre de la ley de la gravitación universal, físico, filósofo, teólogo, inventor, alquimista y matemático entre otros.

Nota: Existen otros tantos los cuales deberán ser incluidos.

UN CALENDARIO CIVIL UNIVERSAL deberá incluir:

1)- El mes Internacional de la Ecología, Biodiversidad y Medioambiente.

2)- El mes Internacional de la Música y las Bellas Artes.

3)- El mes Internacional de la Paz y la Armonía Universal.

4)- El mes Internacional del Reencuentro Interhumano Universal.

5)- El mes Internacional de la Educación y el desarrollo intelectual.

6)- El mes Internacional de la Creatividad Científica y Tecnológica.

7)- El mes Internacional de la Agricultura, la Agroindustria y la Ganadería.

8)- El mes Internacional del Trabajo y los Derechos Laborales.

9)- El mes Internacional de los Deportes y los Juegos Olímpicos.

10)-El mes Internacional de la Justicia y los Derechos Humanos.

11)-El mes Internacional de las Tele Comunicaciones.

12)-El mes Internacional de la Industria y la Manufactura.

13)-El mes Internacional de la navegación Aeroespacial.

¿Por qué 13 meses? Porque estamos proponiendo un Calendario de 13 meses y de 28 días cada mes.

Nota: quienes sean comisionados para la revisión y posteriormente la elaboración de una reforma del actual Calendario deberán completar la lista añadiendo personajes y acontecimientos que hayan tenido repercusión universal evitando por todos los medios la inclusión de acontecimientos, personajes o líderes religiosos algunos sean cuales fueren.

Solicito pues, a los distintos congresos legislativos y Cabildos municipales para que todas aquellas demarcaciones que en el pasado fueron nombradas arbitrariamente con el nombre de alguna entidad religiosa, se legisle con el fin de que en lo adelante se haga una revisión minuciosa con el fin de determinar si el personaje con el cual se ha asignado tal demarcación ha aportado lo suficiente como para ser merecedor de tal distinción. Es justo que toda demarcación geográfica sea nombrada con el nombre de aquellos personajes que mejor hayan representado y armonizado la colectividad para que así nadie sea sometido involuntariamente a pronunciar de manera inconsciente el nombre de una determinada entidad que en esencia contradice el sentir de la mayoría. Se deberán borrar todos aquellos vestigios subyacentes establecidos arbitrariamente por los tribunales de la Santa Inquisición los cuales constituyen una clara

violación a los mandatos consagrados en la Declaración Universal de los Derechos Humanos.

Juan de Dios Cabral
21 de Agosto 2013

TRATADO-IV

DEMANDA CONTRA LA INSTITUCIÓN DENOMINADA: IGLESIA CATÓLICA, APOSTÓLICA Y ROMANA

Acápite 1ro.
CARTA DE NOTIFICACION DE DEMANDA.

CARTA ABIERTA A LAS INSTITUCIONES JUDICALES.

Acápite 2do.
ACTO DE DEMANDA.

Acápite 1ro.
CARTA DE NOTIFICACIÓN DE DEMANDA

A su excelencia:
Monseñor Jorge Mario Bergoglio,
Obispo de Roma.
Papa Francisco I + Pontífice de la
Iglesia Católica, Apostólica y Romana.

A su excelencia:
Monseñor Joseph Aloisius Ratzinger,
Benedito XVI, Papa Emérito.

Extensiva a sus sucesores.-

Su Excelencia Papa Francisco I:
Tengo el honor de dirigirme a usted con absoluto respeto y particular distinción con el fin expreso de notificarle a través de las presentes letras, que próximamente estaré apoderando una corte de justicia de jurisdicción competente con el objetivo de que esta conozca, analice y dictamine sobre los contenidos del documento anexo en el cual está redactado un acto de demanda contra la Institución denominada Iglesia Católica, Apostólica y Romana, al tiempo que estoy haciendo de público conocimiento dicha demanda cuyos objetivos específicos son los siguientes:

1- Que la institución demandada responda con humildad, honestidad y transparencia sobre los hechos que se le imputan.

2- Que el tribunal judicial apoderado emane una sentencia justa condenando o exonerando de culpas a la institución demandada.

3- Que de encontrarse culpabilidad, dicha Institución tenga que resarcir tanto a la humanidad como a particulares, ya sea con bienes materiales o moneda de curso legal por la suma que está siendo demandada o por la suma que determine el tribunal apoderado.

4 - Que en la proclama de la sentencia se haga contar, el fin o termino definitivo de la llamada era cristiana la cual debió terminar en 1901 y que al mismo tiempo se proclame el inicio de la nueva Era, que en lo adelante se ha de llamar: **Cicló del conocimiento científico y tecnológico** el cual finalizará 2000 años después a partir del año de 1901.

5- Que la corte apoderada pronuncie en la sentencia dictada, que aquellos casos de crímenes y delititos cometidos por la Institución en cuestión o por algunos de sus miembros sean de la competencia de los tribunales jurisdiccionales legalmente constituidos.

6- Que se proclame una sentencia en contumacia condenando o liberando a dicha Institución por las acciones cometidas en el pasado en contra tanto de particulares como de la humanidad.

7- Que la justicia local juzgue libremente y a la mayor brevedad a aquellos Clérigos que han cometido violencia sexual contra niños y adolescentes sin importar la jerarquía de los infractores, ya sea en presencia física de los infractores o en contumacia.

8- Que la corte apoderada proclame una sentencia en contumacia en contra de aquellos que deliberadamente trastocaron la historia con premeditación y alevosía con el fin expreso de distorsionar la línea recta del tiempo con lo cual la humanidad perdió totalmente la noción de su origen como especie.

9- Que las Naciones Unidas se honre en hacer de público conocimiento la resolución a través de la cual el Vaticano fue reconocido por la comunidad internacional como un Estado soberano legalmente constituido ya que de lo contrario se estaría incurriendo consciente o inconscientemente en una clara evidencia de usurpación de poderes aparentemente apadrinado por la propia Organización de las Naciones Unidas.

10- Que dicha Institución tiene un periodo de existencia de 2117 años, o sea, un periodo correspondiente a 2.000 años que es el equivalente a un ciclo, más 117 años y que durante todo ese tiempo dicha Institución ha cometido irregularidades de lesa humanidad con lo cual se ha afectado profundamente la conducta moral, emocional y psicológica de millones de seres humanos impidiendo así el sano desarrollo tanto de las víctimas como de sus parientes, e incluso, de la propia comunidad.

11- Que durante el ciclo correspondiente a la Era Cristiana dicha Institución se constituyó en obstáculo para el desarrollo de la inteligencia y el conocimiento dado la persecución voraz de todos aquellos que pensaban diferente a los mandatos de la doctrina establecida.

12- Que dicha Institución ha creado, alentado y promovido una cultura de fronteras religiosas a lo largo de la historia trayendo como consecuencia la separación de la especie humana creando una conducta de desarmonía en constante y permanente competencia religiosa.

13- Que dicha Institución ha protagonizado los escándalos más aberrantes que el mundo haya conocido en la historia, escándalos que por su naturaleza morales han estremecido los cimientos de fe de la humanidad creando niveles alarmantes de incredulidad y confusión generaliza.

Resulta curioso, que ningún tribunal o corte judicial se haya atrevido a asumir competencia sobre hechos tan deleznables como si se tratara de circunstancias de total inmunidad, por lo que se podría deducir; que los infractores han gozado de infinitos privilegios de manera tal que el poder judicial legalmente constituido no ha tenido facultad sobre ellos. O que el poder ostentado por dicha Institución es tan elevado que está por encima del orden judicial legalmente constituido. O que tales hechos han sido tan simples e irrelevantes que no ha sido necesaria la intervención judicial. O porque se ha creído que dicha Institución no debe ser juzgada por ningún tribunal judicial ya que esta está por encima del bien y del mal donde la justicia ha de estar subordinada al poder religioso y que ningún ministro deberá ser interpelado ya que supuestamente estos son intermediarios entre Dios y la humanidad, al tiempo que han sido blindados bajo la protección del Espíritu de modo que tales aberraciones han de ser consideradas como actos insignificantes fruto de la debilidad humana, puesto de que tales acciones comparadas con los poderes supra terrenales ostentados por dicha Institución pueden ser resarcidas simplemente con una palabra de perdón de uno de sus más altos dignatarios.

Su excelencia, siendo el Papa un hombre que se supone tenga un alto sentido de ecuanimidad y una amplia visión de futuro, no deberá permitir bajo ninguna circunstancia que pase ni siquiera la *presente generación sin que la institución que se honra en presidir reconozca la verdad de los hechos cometidos durante los pasados dos mil cientos diecisiete (2117) años, o sea, el Ciclo de la Era Cristiana o Constantiniana, más 117 años a partir del 1901 que corresponden al **Ciclo del Conocimiento Científico y Tecnológico**. Deberá su excelencia colaborar para que aquellos clérigos que de algún modo han agredido la dignidad e integridad de la humanidad tanto en el pasado como en el presente sean puestos a disposición de la justicia legalmente constituida y de ese modo mostrarle al mundo un alto sentido de humildad y sensatez. No es suficiente pedir perdón por los innumerables hechos cometidos por dicha Institución de generación en generación, sino, que se deberá someter a un juicio justo, público y contradictorio a los culpables sin que se recurra a los privilegios que otorgan inmunidad. Deberá ser usted el primero en asumir tal responsabilidad y hacer que esto se cumpla para que en el futuro no se repitan tales aberraciones, ni en esta ni en ninguna otra institución para bien de la humanidad.*

Es justo que se dicte una sentencia justa contra cada uno de los agresores que movidos por instintos salvajes se convirtieron en depredadores sagrados, protegidos bajo el manto de la impunidad y que disfrazados de santidad han profanado la integridad de miles de seres humanos inocentes a lo largo de la historia. Usted sabe su excelencia, que la justicia es el único instrumento con que cuenta la humanidad para demostrar su inocencia y su verdad, por lo que no es justo ni moral que estos hechos queden impunes bajo ninguna circunstancia. Le aseguro que esta es la única manera en que dicha Institución podrá limpiar su imagen de cara al futuro. No es justo que estos agresores continúen paseándose por el mundo con toda normalidad alardeando de doctores en moral, ética y sigilo sacramental con especialidad en justicia divina. Solo después de un juicio justo dicha Institución será vista con respeto. Permítase que se dicte sentencia justa en cada caso y la humanidad quedará satisfecha de que la justicia es sagrada y a través de ella se manifiesta la voluntad suprema del creador.

Su excelencia, deberá la Institución que usted se digna en presidir responder con honestidad y transparencia por el delito de secuestro,

tanto del tiempo como de la historia ya que sin dudas ha sido este el
más grave de todos los delitos cometidos contra la humanidad puesto
de que con esto se perdió totalmente la noción del origen quedando
así la humanidad sumida en total estado de ignorancia colectiva.
Tenemos que recocer, que fue esta la estrategia más eficiente diseñada
con el fin de desactivar radicalmente la noción del verdadero origen de
la especie humana.

Para que la justicia actúe con justa libertad, permítase que así
sea. **Un juicio justo deberá partir de lo verdaderamente justo y
terminar justamente en los justo.**

Por ser la justicia una entidad soberana que debe actuar con
plena libertad y diafanidad sobre cada caso en particular, permítase
que así sea, por lo que la Institución demandada se ha de acoger a las
resoluciones emanadas por los tribunales legalmente constituidos y sin
que ningún delito sea obviado con premeditación y alevosía.

Su excelencia, el perdón es esencial para la cura emocional y
espiritual de todo aquel que ha sido herido en su integridad tanto física
como sicológica, pero para que el perdón sea efectivo, primero tiene
que existir la disposición y el arrepentimiento sincero del agresor y
segundo, la disposición libre y voluntaria del agredido para concederlo.
El perdón no es un simple acto protocolar que se solicita o concede por
delegación de tercero. El perdón es la expresión más sublime que brota
de lo más profundo del alma de un ser humano y que está por encima
hasta de una disposición judicial ya que el perdón otorgado por el
agredido, de hecho retira la culpabilidad del agresor. Es responsabilidad
exclusiva del agresor pedir compasión y misericordia al agredido ya
que tanto la libre disposición de clemencia de parte del agredido como
el acto de arrepentimiento de parte del agresor se han de dar a nivel
interpersonal no a través de tercero.

Su excelencia, basta con entender lo mínimo de psicología para
saber que toda persona que ha sido abusada sexualmente en su
infancia lleva consigo grandes desviaciones de la conducta que por lo
general, las repercusiones futuras resultan catastróficas. Desviaciones
que cada individuo tendrá que cargar sobre sus hombros toda la vida
y que en la mayoría de los casos le llevarán a delinquir, por lo que

considero que los culpables han de ser procesados por los tribunales legalmente constituidos no por tribunales eclesiásticos que por razones que ya conocemos no garantizan ni representan la real interpretación del espíritu de la ley. Es justo un juicio justo para que los agredidos queden satisfechos de que se hizo justicia. No es un secreto para nadie que todo aquel que ha sido víctima de violencia sexual termina siendo rebelde social propenso a cometer delitos producto de los traumas y frustraciones involuntarias causadas por algún maniático o depredador sexual, mientras que los culpables se pasean por el mundo disfrutando de todos los privilegios emanados de la impunidad.

Cuando se predica la paz, el amor y el perdón se requiere ser auténticamente transparente donde no quede espacio para albergar algún tipo de razón que justifique la práctica de la impunidad y la doble moral. Resarcir y enmendar los errores es signo de grandeza y humildad, virtudes que conducen al bien supremo y a la sagrada armonía que han de heredar las generaciones futuras.

Su excelencia, las gentes no quiere más ambigüedades ni reformas superficiales. El mundo quiere y demanda de sus instituciones la implementación de acciones que le ayude a fortalecer su fe en el Creador, desarrollar a plenitud el conocimiento y tener plena confianza en sus semejantes. La humanidad quiere líderes diáfanos y transparentes. Líderes que no manipulen la fe y el conocimiento en beneficio propio. Líderes que no abusen de la ignorancia colectiva y que no jueguen a la doble moral. Líderes fieles a la doctrina que profesan y que no terminen aliándose a teorías que adversan y contradicen la esencia de toda doctrina. Ministros que se respeten y sean respetables por su conducta ética y moral. En definitiva, el mundo demanda de reformas sustanciales acorde, en consonancia y armonía con las exigencias de los nuevos tiempos y del futuro próximo, futuro que quiérase o no será diferente con iglesias o sin ellas.

Su excelencia, las generaciones futuras procuraran una sociedad más justa, más humana y más armónica, quizás hasta sin credos religiosos ya que como usted sabrá, algunos credos religiosos no han hecho más que crear muros espirituales fronterizos los cuales tienden a separar cada vez más a la especie humana constituyéndose en obstáculos *para la sana y fraterna convivencia universal. Como especie inteligente debiera darnos vergüenza que en el reino animal las distintas especies guardan una relación más íntima y armónica entre sí que la que existe en la especie humana. Nuestra especie se ha caracterizado por la promoción permanente de interese religiosos con los que se diputan a Dios como su propiedad, que por cierto, esto le ha generado pingües beneficios económicos, privilegios e impunidad a las distintas religiones. No podemos ignorar que la competencia religiosa ha sido el principal motivo de los más grandes conflictos de la humanidad lo cual ha provocado fisuras, intrigas, odio y desavenencia colectiva cuyos resultados han sido; el derramamiento de sangre inocente y la práctica sádica de acciones deshumanizantes, lo que nos hace parecer una especie de criaturas salvajes frente a cualquier civilización del Universo.*

Excelencia, usted sabe que las enseñanzas de las distintas Iglesias están fundamentadas en la adoración a un Dios guerrero, cruel, sádico y vengador; que por una parte insista a la violencia mientras que por la otra exige amar al enemigo. Esto es un dilema que las gentes jamás podrán conciliar. Nuestras doctrinas Religiosas son muy ambiguas; con la boca predicamos el amor, la paz y el perdón, mientras que con el corazón y la mente planificamos las guerras, la división y la competencia en contra de aquellos que no están a nuestro favor.

Sé que mis palabras no son suficientes para expresar las vicisitudes por la que ha pasado la humanidad en los últimos dos mil años, solo intento interpretar mínimamente los sentimientos de impotencia de millones de seres humanos inocentes que han sido emocionalmente destruidos por un poder inmensamente avasallador aún más allá de los límites de la imaginación. No es un secreto que la influencia ostentada por la referida Institución ha sido tan elevada que ni siquiera los poderes legalmente constituidos han sido capaces de enfrentar ya que de una manera u otra han estado atrapados entre sus redes, ya sea por estrategia política o por ignorancia, por lo que las víctimas han quedado en total desamparo y sin ningún tipo de protección como si no se tratara de criaturas proveniente del mismo creador. A tales criaturas no le ha quedado más que llorar con rabia su dolor y su impotencia en lo más profundo de su silencio. Criaturas que de manera salvaje le fueron arrebatados los derechos más sagrados de su existencia: **su inocencia, su dignidad, su libertad, su identidad y su conciencia, mientras que a cientos de miles se le privó de lo más sublime, el derecho a la vida** *y solo porque algunos quisieron satisfacer su hedonismo salvaje, sádico y aberrante a costa de la inocencia de unos y de la ignorancia de otros, y lo más triste aun, que la mayoría de estos salvajes continúan pastoreando revestidos de mansos corderos. No es justo que frente a tanta barbarie se pretenda continuar aplicando la fórmula:* **"Tus pecados te han sido perdonados, vete y no peques más."** *Formula que mis labios pronunciaron en múltiples ocasiones. Fórmula que podría ser la causa de las más viles impunidades.*

Su excelencia, no profeso ningún credo religioso porque mi único credo está fundamentado en el infinito omnipotente creador porque estoy convencido de que su justicia es su más sublime atributo que se nos concede cuando la fuerza de la fe descansa en el arrepentimiento puro y sincero, atributo que se convierte en la fuente esencial e inagotable de amor para armonizar el género humano con todo el Universo.

Solo la verdad y nada más que la verdad iluminará los senderos del tiempo presente, luz con la que se han de iluminar las generaciones de los tiempos futuros.

Juan de Dios Cabral
Julio 15 del 2018

Tratado anexo:

CARTA ABIERTA A LAS
INSTITUCIONES JUDICIALES:

A la Corte Internacional de la Haya.
A la Corte Internacional de Justicia.
A la Corte Internacional Penal.
A la Corte Internacional de Derechos Humanos.
A la Suprema Corte de Justicia de Los Estados Unidos de Norte
América.
A la comunidad Internacional.

Honorabilísimos Magistrados y Magistradas:

Si la libertad de expresión tiene límites como alguien ha afirmado, no es menos cierto que el exceso de poder y de privilegios podría alterar la verdad desbordando así los límites del derecho más sagrado que es la vida y que le asiste por voluntad divina a todo ser humano. Atentar contra este derecho es atentar contra la esencia misma de la carta magna de los Derechos Humanos la cual consagra la libertad de expresión como un derecho inalienable. Me parece muy extraño que solo se reclame límite de expresión cuando la verdad proclamada se extiende más allá de toda frontera ideológica sobrepasando los parámetros establecidos por aquellos que siempre han ostentan infinitos privilegios e inmunidad absoluta.

Señores magistrados, es de vital importancia que se dicte una providencia cuyos resultados emanen una sentencia justa contra aquellos que de manera intencional trastocaron la historia con el fin de ocultar el tiempo. No se justifica de ninguna manera que siendo la Era de las monarquías la época de mayor florecimiento del pasado fuera esta capaz de cometer la ingenuidad de contar el tiempo a la inversa. No es posible que Emperadores, Reyes, Filósofos, físicos, Astrónomos, Médicos y Matemáticos entre otros, se pusieran en común acuerdo para distorsionar la línea recta del tiempo trastocando la historia con el fin de confundir al género humano contado el tiempo a la inversa, o sea, en sentido contrario como si el tiempo hubiese marchado en retroceso con lo cual se ha creado un nivel de confusión e ignorancia generalizada por un periodo de más de 2.000 años hasta nuestros días. Esto es insólito e ilógico, por lo que considero que de todos los crímenes cometidos por dicha Institución contra la humanidad este es el de mayor repercusión ya que con esto se ocultó totalmente el origen del ser humano aunque ha pasado inadvertido. Señores Magistrados, esto fue suficiente para que la humanidad perdiera totalmente la noción del tiempo y de la historia, y por supuesto, la noción de su verdadero origen como especie.

Magistrados y Magistradas, en esta ocasión me honro en demandar a la Institución en cuestión ante la justicia legalmente constituida, por la comisión de esta en más de 20 crímenes contra la humanidad. La justicia es la única Entidad con facultad absoluta para representar y defender la integridad individual y colectiva del género humano. Es urgente una acción judicial de gran alcance capaz de adecuar al género humano con el tiempo real. Restaurar la Historia es una responsabilidad de hoy, no del futuro, y más ahora en que experimentamos cambios extraordinarios en todos los estamentos de la sociedad. Cambios que no son más que simples reflejos de los tiempos venideros, tiempos que han comenzado ya con **El Ciclo del Conocimiento Científico y Tecnológico** el cual inició formalmente en el 1901.

Honorables Magistrados, os aseguro que no pasará la presente generación sin que se descubra toda la verdad, porque es la verdad el más sublime imperativo de la historia.

<u>Juan de Dios Cabral</u>
Agosto 10 del 2018

Tratado anexo.

Acápite 2do.
ACTO DE DEMANDA:

A través del presente acto me digno en presentar justa demanda contra la Institución denominada Iglesia Católica, Apostólica y Romana con sede oficial en la sub-ciudad Vaticana intramuros en la ciudad de Roma, Capital de la Republica de Italia.

Entendiendo que dicha Institución ha cometido serias irregularidades contra la humanidad a lo largo de los últimos dos mil cientos diecisiete (2.117) años y a pesar de que la Institución en cuestión ha reconocido en múltiples ocasiones algunas de tales irregularidades, aun goza de infinitos privilegios y plena inmunidad e impunidad casi en el 100% de los casos razón por la cual se justifica la presente demanda. No niego que han habido algunas excepciones en las que se ha procedido aunque de manera complaciente, especialmente en algunos casos relacionados con pederastia, o sea, abusos y violaciones sexuales a niños y adolescentes pero que aún no han sido juzgado con justa pena, sino, que los infractores o violadores simplemente han sido removidos o expulsados del ministerio sin que se le haya acusado formalmente ante una corte judicial competente. Los casos que han sido procesados se ha debido a que los mismos resultan tan excesivos y aberrantes que no ha habido forma de ocultarlos siendo estos procesados por los supuestos tribunales eclesiásticos constituidos especialmente para esos fines.

¿Cuál ha sido la pena impuesta por sentencia a los culpables?

No es un secreto que dada la influencia de dicha Institución, las mayorías de estos casos permanecen encubiertos y tal parece que así se quedaran ya que los mismos se han ido diluyendo con el tiempo, mientras que decenas de miles de aberraciones no se conocen ni serán reportadas a ningún tribunal judicial ya sea por temor a que no se crea en la versión de la víctima o por simple complicidad. Muchas veces los mismos estamentos judiciales le restan importancia a la mayoría de estos casos porque casi siempre hay alguna figura clerical prominente involucrada y que la justicia trata con la mayor diplomacia posible. Lo cierto es que por una razón u otra, las mayorías de estos casos quedarán en la impunidad, es más, el vaticano hasta ha creado un tribunal que supuestamente se encargará de juzgar a sacerdotes y obispos pedófilos con el fin de que los violadores no sean juzgados por la justicia legalmente constituida. Dicho tribunal fue creado en junio del 2015 y seria inaugurado con el juicio que supuestamente se le seguía a uno de los más aberrantes escándalos de abuso sexual infantil de los últimos años, perpetrado por el Nuncio Apostólico designado por la Santa sede en la Republica Dominicana, **Monseñor Jozef Wesolowski (2008-2013)**. (_El nuncio es la más alta representación del Vaticano en aquellos países con los cuales el Vaticano ha firmado concordato, aunque actualmente, la figura del Nuncio ha sido introducida casi en todos los países aunque no se haya firmado el famoso Concordato._) Dicho Monseñor huyó de Republica Dominicana después de haber cometidos varias violaciones de niños y se refugió en el Vaticano para de ese modo evadir la justicia del mencionado País y ni siquiera se le considero prófugo de la justicia. Debido a la magnitud de este escándalo, el Vaticano crea dicho tribunal con el pretexto de que allí serán enjuiciados todos los jerarcas Eclesiásticos acusados de pederastias (violadores de niños) y a los que han sido cómplices de clérigos pedófilos. Tal anuncio alegró a la comunidad internacional, e inclusive, a personalidades distinguidas, honorables e ilustres jurisconsultos, que por cierto parece que desconocen que el Vaticano no tiene ni personería jurídica ni jurisdicción legal como Estado para constituir cortes judiciales y luego en ellas conocer delitos y crímenes, competencia absoluta de la justicia legalmente constituida. Lo correcto debió haber sido que tanto este caso **(Wesolowski)** como todos los demás fuesen traducidos a la justicia correspondiente para ser juzgado por los tribunales residentes donde se cometieron los hechos, pero como en ninguno de los concordatos firmados entre el Vaticano y algunos gobiernos existe una cláusula que contemple la extradición, los infractores pueden auxiliarse bajo la sombra del Vaticano con el pretexto de que el Vaticano los juzgará, y es posible que los juzgué pero los juzgará de manera complaciente. Se puede tener por seguro que se le aplicará la famosa sentencia: **"Tus pecados te son perdonados, vete y no peques más."** que *es el equivalente a impunidad, mientras que las victimas seguirán condenadas a vivir toda su vida arrastrando consigo los daños físicos, morales y psicológicos causados por clérigos maniáticos, depredadores y degenerados.*

Podríamos señalar innumerables casos en todo el mundo que al igual que este han desbordado los límites de la comprensión humana quedado así en la impunidad, como por ejemplo: <u>Cardenal Norberto Rivera de México y Cardenal Juan Barro encubridor del Sacerdote Fernando Karadima Pedófilo, depredador sexual de niños en Chile entre otros Obispos encubridores de Clérigos pederastas como es el caso del Padre Marcial Maciel fundador de los Legionarios de Cristo en México.</u> Todo apunta a que estas barbaries de depredación y desviación de la conciencia de miles de inocentes en todo el mundo quedarán impunes.

Nota: *(Nuncio Wesolowski) Justamente 45 días después de haberse creado dicho tribunal, el afamado nuncio supuestamente falleció en su recamara en el Vaticano el día 28 de agosto del 2015. La primera audiencia estaba pautada para celebrarse el día 11 de julio del 2015, pero el acusado no se presentó como estaba previsto alegando graves quebrantos de salud. Cuántos secretos habrán quedado sepultados con este personaje el cual era uno de los más grandes pedófilos de todos los tiempos y a la vez uno de los más altos príncipes del Vaticano.*

Luego del supuesto fallecimiento, el Vaticano anunció que se daría a conocer públicamente los resultados de la autopsia algo que nunca se hizo, pero tampoco nadie reclamó. ¿…?

Según declaraciones recientes del propio Papa Francisco, (Mayo del 2017) existen en la actualidad más de 2.000 (dos mil) expedientes de violaciones perpetradas por Clérigos pederastas con largo periodo de retraso sin que sean mínimamente conocidos.

Yo temo que tales expedientes sean legalmente procesados ya que el Vaticano no tiene jurisdicción como Estado para juzgar crímenes y delitos.

¿Es el Vaticano un Estado?

Yo digo que no lo es. Un estado legalmente constituido tiene que tener mínimamente las siguientes características:

1) una jurisdicción territorial que le identifique como Nacion.

2) una estructura política internacional.

3) un programa público de acción gubernamental.

4) una estructura militar y policial.

5) una estructura judicial.

6) una estructura de intercambio comercial con los demás Estados.

7) Autonomía para imprimir su propia moneda.

8) Autonomía en su autodeterminación como nación.

9) Capacidad para elegir libre y voluntariamente sus autoridades.

10) Una constitución política que rija y regule sus acciones como Estado.

11) Estructura de regulación migratoria, naturalización y ciudadanía.

12) Ser reconocido oficialmente como Estado por la Organización de las Naciones Unidas (ONU) a través de una resolución entre otros.

Según tengo entendido, ni el Vaticano ni ninguna otra institución de orden religioso cuentan ni siquiera con una sola de estas condiciones para ser reconocida como estado o nación.

Si admitimos que el Vaticano es un Estado, entonces tendríamos que admitir que este está por encima de todas las demás Iglesias y de los demás Estado del mundo a pesar de que este no reúne ni la más mínima de las condiciones requeridas para ser realmente un Estado.

Sin embargo, los miembros de toda y cualquier Iglesia por grande que esta sea están bajo el régimen de la jurisdicción política del Estado en que residen, por tanto no existe ni puede existir jamás Iglesia alguna con categoría de Estado ya que si se convierte en Estado todos sus miembros deberán residir en su jurisdicción territorial amparados bajo sus propias leyes. Ninguna Iglesia está llamada a establecer fronteras geográficas ni diseñar órgano de carácter judicial y político ya que esa no es su misión.

No existen dos poderes, eso es una falsa concepción de la realidad, solo existe el poder político legalmente constituido, por lo que las

Iglesias solo se han de ocupar de los asuntos espirituales de sus fieles y no entrometerse en los asuntos que solo concierne al Estado que por su naturaleza es responsable de regular a través de la justicia todas las acciones de una colectividad determinada.

Los primeros Concordatos.-

Hay que destacar, que los primeros concordados firmados por el Vaticano con algunos gobiernos no fueron más que acuerdos particulares entre la Iglesia y determinados gobiernos, acuerdos que se hicieron especialmente con los gobernantes más déspotas, sanguinarios y dictatoriales que haya registrado la historia en los últimos 2.000 años, gobiernos que fueron capaces de cometer atrocidades y genocidios masivos contra la humanidad. Tales Concordatos no tienen la facultad de constituir al Vaticano como Estado ya que la Naciones Unidas es la única Institución que tiene la capacidad para crear y reconocer un nuevo Estado. Dichos concordatos no pasan de ser simples acuerdos voluntarios entre una Institución religiosa y algunos Gobiernos lo cual no representa bajo ninguna forma la voluntad de la comunidad universal.

La firma de estos primeros concordatos se llevó a cabo de la manera siguiente: 1ro. Con Benito Mussolini de Italia 1929, 2do. Cuatro años después con Adolfo Hitler de Alemania el 30 de Enero de 1933. 3ro. Veinte años después con el General Franco de España el 27 de agosto de 1953. 4to. Un año más tarde, con Rafael Leónidas Trujillo Molina de Republica dominicana el 16 de junio de 1954. Entre otros.

Los concordatos no le dan en lo absoluto legitimidad de Estado al Vaticano y mucho menos aquellos que fueron firmados con gobernantes que sus acciones criminales los ilegitiman ante un mundo civilizado.

Por lo que parece, todavía se mantiene en el Vaticano la idea de los Siglos en que imperó el poder de la Santa Inquisición lo cual queda evidenciado desde el momento en que se pretendió crear tribunales judiciales a lo interno del Vaticano con el fin de juzgar a los autores de los mega escándalos de pedofilia perpetrado en todo el mundo por Clérigos de diferente jerarquía. Dada la magnitud de tales escándalos, el Vaticano se ve en la necesidad de crear dicho tribunal (a pesar de que no es legal) con el fin de juzgar crímenes de pedofilia cometidos por Clérigos para de este modo evadir los tribunales de la justicia ordinaria. Lo triste de esto es, que los gobiernos conociendo aun la ilegalidad de estos tribunales se hagan de la vista gorda, ya sea por complacencia, por estrategia, "por diplomacia" o por ignorancia lo que le constituye en cómplices directos de estos actos de salvajismo.

La creación de estos supuestos tribunales podría constituirse en uno de los peores errores del Vaticano en la historia de la Iglesia, esto podría ser peor que los tribunales creados por la santa inquisición. Reitero, que ni la Iglesia ni ninguna otra institución tienen facultad legal para constituir tribunales con el fin de juzgar crímenes y delitos cometidos por algunos de sus miembros, y menos aún, cuando se trata de delitos o crímenes de lesa humanidad, y lo peor de esto es, que los juicios celebrados en estos tribunales son celebrados a discreción sin la participación de la parte agredida ni de ninguna representación legal del poder civil. Esta es una nueva modalidad de la santa inquisición pero al revés. Es decir, los tribunales de la Santa Inquisición fueron creados para condenar a inocentes mientras que estos nuevos tribunales son creados para proteger y encubrir a culpables violadores de inocentes.

Cualquier Iglesia o Institución de orden social o religioso no tiene facultad legal para juzgar crímenes y delitos, solo tiene facultad para crear internamente sus propias reglas disciplinarias correspondiente a lo establecido por su doctrina, creando para ello un órgano interno que haga cumplir determinadas reglas, pero no celebrar juicios que por su naturaleza corresponden a los tribunales judiciales legalmente constituidos.

La justicia es una facultad de la sociedad política organizada que emana y descansa en el poder legalmente constituido representado por el Estado, no en poder religioso alguno.

Ninguna Iglesia tiene categoría de Estado ya que real y efectivamente esa no es su misión: primero, porque como iglesia no es de su competencia tomar con sus propias manos las cosas que por naturaleza corresponden al poder judicial, y segundo, que ninguna institución religiosa puede tener las características y las dimensiones de un Estado ya que el Estado es esencialmente; _político, comercial, militar, recaudador de impuestos, policial, judicial y migratorio_, entre otras.

El Vaticano es simple y sencillamente la sede principal de la Iglesia Católica ya que como Estado es un Estado hueco, su única estructura es simplemente una aparente diplomacia destinada exclusivamente para asuntos de orden religiosos, es decir, una diplomacia políticamente inoperante que su función se reduce a crear y conservar privilegios.

Creo que fue un error de algunos Estados haber firmado acuerdos (concordatos) con una Iglesia en particular ya que ningún Estado puede y ni debe tener religión de preferencia puesto que el Estado representa a todos los ciudadanos y cualquier acuerdo con una Iglesia en particular constituye un acto de discriminación directa contra las demás denominaciones religiosas. Además es una violación fragrante contra el espíritu consagrado en la declaración universal de los Derechos Humanos. Art.18. _Si me equivoco, a los expertos en política pública, derechos humanos y diplomacia internacional que me desmientan._

"El Vaticano" tiene su razón de ser como Iglesia de Estado (no como Estado) con el tratado de Letrán del 11 de septiembre de 1929 el cual no fue más que un acuerdo entre el gobierno de Italia encabezado por el primer ministro Benito Mussolini, fascista, tirano, conservador y totalitario, y por la otra parte, el secretario de la Santa Sede, el cardenal Pietro Gásparri, secretario de la Sede Apostólica en representación del papa Pio XI. Dicho acuerdo solo tenía el fin de solucionar ciertas diferencias entre ambas partes. En dicho tratado, el gobierno Italiano reconoce a la Iglesia como religión de Estado al tiempo que le concede varias concepciones y privilegios, entre ellos; el establecimiento de su sede principal dentro de la ciudad de Roma, los terrenos que alojan al Vaticano y varios monumentos de contenido histórico entre otras, mientras que la Iglesia jurará obediencia al Estado al tiempo que se comprometía a enviar a los candidatos a obispos y arzobispos para que jurasen lealtad al Estado de Italia antes de tomar posesión del cargo. _https://es.wikipidia.org/wiki_de_Letrán_

Dicho tratado no fue un acuerdo que involucra de ninguna manera a la comunidad internacional, sino más bien, que se trató del reconocimiento de un solo Estado, el Estado de Italia. Por tanto, el Vaticano no tiene *personería jurídica como Estado ya que para ello necesita el reconocimiento oficial de todos los Estados del mundo representado en Las Naciones Unidas, por lo que todas las acciones de orden político realizadas por este se podrían considerar como usurpación de poder, como es el caso de la creación de tribunales para juzgar crímenes y delitos cometidos por clérigos (pedofilia) lo cual es facultad propia del sistema judicial representado en el Estado civil legal y legítimamente constituido.*

Permitir que una determinada institución se atribuya la facultad de constituir tribunales para supuestamente celebrar juicios, es conceder complacientemente la potestad que solo corresponde al poder judicial, esto constituye un delito de complicidad contra la misma justicia ya que la hace participe directa de la impunidad.

Los tribunales eclesiásticos solo tienen facultad en materia disciplinaria y de doctrina sobre asuntos internos de su institución. Tales tribunales carecen de facultad legal para juzgar crímenes y delitos cometidos por algunos de sus miembros dentro o fuera de su jurisdicción y menos aún, cuando se trata de crímenes cometido contra niños y adolescentes.

Los crímenes y delitos perpetrados por miembros de una determinada Institución religiosa no pueden ser juzgados por la misma institución, de ser así esta se constituiría en juez y parte y el victimario o infractor tendrá siempre el beneficio de sus compartes. Hasta donde sabemos, las Iglesias no tienen cárceles para recluir a aquellos que resultaren condenados, ni mucho menos los va a remitir a las cárceles públicas. Eso supuestos tribunales no son más que una bola de humo para confundir y manipular la ignorancia colectiva. Ninguna Iglesia va a instrumentar un expediente criminal contra ningún miembro de su jerarquía, ni va a dictar una sentencia condenatoria por grave que sea el crimen ya que se vería en la obligación de enviar al reo a una prisión pública ya que estas no cuentan con un sistema carcelario, por tanto, los crímenes cometidos por clérigos podrían quedar en la impunidad a menos que no sean procesados por la justicia legalmente constituida. En lo que al Vaticano se refiere, no existe acuerdo de extradición con los distintos Estados del mundo por lo que automáticamente la justicia de cualquier país se siente aptada para proceder en consecuencia.

*En el caso de que el Vaticano continúe creyéndose que puede funcionar como Estado podría incurrir en el error de constituirse en una monarquía de orden religioso y repetir los mismos errores cometidos en el pasado por los tribunales de la Santa Inquisición los cuales causaron heridas tan profundas a la humanidad que todavía no se han podido borrar. Repito: la única diferencia entre estos tribunales y los de la Santa Inquisición seria; que los tribunales de la Santa Inquisición fueron creados para **condenar a inocentes,** mientras que los tribunales que se están creando hoy en el Vaticano son para **proteger a culpables de crímenes cometidos contra inocentes.***

Toda religión que pretenda fungir como estado inevitablemente terminará en la anarquía.

Solicito pues, la acción universal de la justicia legalmente constituida para que en lo adelante no quede en la impunidad ni un solo caso por los cuales está siendo demandada la citada Institución.

Citamos:

1) Alegamos justa demanda contra dicha Institución: *por la manipulación que esta hiciera tanto del tiempo como de la historia contribuyendo así a que la humanidad perdiera de manera total la noción de su origen como especie. Tanto el tiempo como la historia han sido trastocados atreves de cortes arbitrarios que intencionalmente se hicieron del tiempo desde el supuesto Adán hasta Jesús el hijo de María la esposa de José. Tales cortes hicieron que se perdiera el ritmo normal de la historia. Luego 1.600 años después se impone el calendario Gregoriano elaborado bajo el pontificado del Papa Gregorio XIII en 1582, Calendario que dada su compleja estructural resulta entorpecedor tanto para el buen desenvolvimiento de las actividades cotidianas como para el desarrollo de la inteligencia ya que es un calendario cuyo contenido tiende a crear fronteras entre las diferentes culturas religiosas del mundo. Además, es un calendario que manipula el tiempo en función y beneficio de un grupo religioso determinado puesto de que este está plagado de deidades que solo responden al sentimiento religioso de una Iglesia en particular. Deidades que no son compatibles con las demás culturas religiosas del mundo.*

*Es un calendario que viola la libertad de culto consagrada en el artículo 18 de la carta universal de los derechos humanos en la cual se indica claramente que **"toda persona tiene libertad de pensamiento, de conciencia y de religión..."** derecho a elegir o no la religión de su preferencia sin ningún tipo de coerción. Es más, dicho calendario ni siquiera se adapta a la cultura Cristiana ya que existe un alto porcentaje de cristianos que pertenecen a otras denominaciones religiosas que no creen en los santos representados por dicho calendario.*

*__**2) Alegamos justa demanda contra dicha Institución**__: por la confusión creada en la conciencia de la humanidad sobre la creación bíblica, algo que al parecer no fue más que una trama con el fin de ocultar el verdadero origen e identidad del ser humano.*

*__**3) Alegamos justa demanda contra dicha Institucion:**__ por los traumas emocionales y de fe que tendrá que enfrentar la humanidad en los próximos años ya que en la medida que se descubra que el origen no proviene como lo plantea el relato bíblico de la creación, gran parte de la humanidad entrará en un proceso de profunda confusión lo que afectará sensiblemente su conducta emocional.*

*__**4) Alegamos justa demanda contra dicha Institución:**__ por ser esta responsable directa del nivel de ignorancia existente en que vive la humanidad ya que esta se encargó de satanizar todo conocimiento que no estuviera acorde con la doctrina establecida obstaculizando así el desarrollo científico y tecnológico en el periodo de la llamada Era cristiana. Durante todo este Ciclo o Era, los científicos tuvieron que permanecer escondidos, o salir huyendo de manera forzosa porque de no hacerlo terminarían encerrados en el calabozo acusados, condenados y torturados por la Santa Inquisición, torturas que rallaban con lo humano, mientras que otros fueron encarcelados de por vida en supuesta prisión domiciliaria, caso Galileo Galilei, entre otros que murieron como mártires en defensa del conocimiento como es el caso de Giordano Bruno.*

Con la persecución del conocimiento desaparecieron de manera forzosa todos aquellos que tenían un concepto diferente del mundo. Los métodos utilizados para las desapariciones físicas fueron extremadamente lesivos, excesivos, traumáticos y devastadores para el desarrollo de la humanidad. Sin lugar a dudas, esto contribuyó con el atraso de la humanidad por un periodo de tiempo de más de mil años.

5) *Alegamos justa demanda contra dicha Institución: por los traumas emocionales y psicológicos que ha arrastrado la humanidad debido al mensaje aterrador y Apocalíptico que se viene anunciando por los siglos de los siglos sobre la ira de Dios contra la humanidad, como por ejemplo; el llamado diluvio universal, la supuesta destrucción de Sodoma y Gomorra, el mito de la Torre de Babel y el famoso juicio final entre otros. Evidentemente que todo esto ha contribuido al estancamiento del conocimiento y de la inteligencia de manera generalizada.*

6) *Alegamos justa demanda contra dicha Institución: por ser esta responsable de la minimización y ocultamiento de las ciencias del conocimiento y de la razón pura; llámese filosofía y lógica, con lo cual se privó a la humanidad del privilegio de alcanzar tales conocimientos, de manera que ni los académicos cuentan con las herramientas filosóficas necesarias para desarrollar a plenitud un determinado concepto sobre el porqué y el cómo de las cosas. Quizás el objetivo de esta era, perpetuarse en el tiempo y la historia bajo el manto de la ignorancia colectiva.*

7) *Alegamos justa demanda contra dicha Institución: por esta nunca haber aclarado si hubo alguna acción directa de parte de la secta de los cristianos en el incendio de la ciudad de Roma en el año **64** de la llamada Era cristiana quizás con el fin de librarse de la persecución de Nerón, Emperador de Roma. Dicho acontecimiento continúa siendo un enigma ya que hasta el momento no se ha establecido responsabilidad sobre este hecho. Frente a dicho acontecimiento hay que establecer lo siguiente: Si esto fue una acción política de Nerón con el fin de eliminar la Seta de los Cristianos, ha sido la torpeza más grande cometida por Emperador alguno, pero si fue producto de la acción deliberada de los cristianos hay que considerarla como una gran estrategia con la cual se logró disminuir y debilitar la capacidad persecutoria de Nerón contra los cristianos aunque esta siguió siendo una organización clandestina hasta el Edito de Milán del 313, o sea, 249 años después de dicho incendio. Fuere responsabilidad de quien* *fuere, con ello se cometió uno de los actos criminales más salvajes de la historia. https://es.m.wikipedia.org>wiki>Gra...*

8) *Alegamos justa demanda contra dicha Institución: por la barbarie sangrienta, genocida y voraz de las llamadas guerras santas, creadas y patrocinadas por la Iglesia con el pretexto de defender y expandir la doctrina cristiana a costa del brutal y salvaje derramamiento de sangre de miles de creaturas inocentes, indefensas e ignorantes. El fin expreso de las Cruzadas era, expandir el cristianismo sin importar la consecuencia.*

9) *Alegamos justa demanda contra dicha Institución: por todas las víctimas; hombres, mujeres y niños condenados vilmente a la hoguera por los tribunales de la santa inquisición con el fin de lograr el arrepentimiento masivo de la población sin que los condenados estuvieran posibilidad a una justa defensa. Todo aquel que no aceptaba la fe cristiana se le consideraba hereje. Era un mandato expreso de las autoridades Eclesiásticas, que todo aquel que no aceptase la conversión debía ser considerado hereje y por tanto debía ser juzgado, torturado y luego llevado a la hoguera para ser quemado vivo por renegar de la fe cristiana. Dichas ejecuciones se hacían en masa en las plazas públicas a la vista de todos, e incluso, en presencia de la propia familia, mientras que otros murieron en el calabozo después de haber sido torturados. Por lo general, las principales causas de las condenas consistían en herejías, apostasías y brujería entre otras. El simple hecho de no bautizarse era ya delito suficiente para justificar la condena ya que esto suponía una negación a la conversión y al orden establecido. Cualquier acción que no estuviera sujeta a los cánones establecidos por la santa inquisición era considerada herética.*

10) *Alegamos justa demanda contra dicha Institución: por todos los crímenes de abuso sexual cometidos por Clérigos (Obispos y Sacerdotes) perpetrados contra cientos de miles de niños y adolescentes a lo largo y ancho de todo el mundo por tiempo indefinido sin que los violadores hayan sido separados de sus funciones clericales para asi ser procesados por la justicia legalmente constituida. Sin embargo, estos continúan gozando de todo privilegio y total inmunidad. E incluso, la mayoría de ellos han sido premiados con mejores posiciones* *administrativas o con cierto doctorado en el exterior mientras que otros han sido premiados con acenso en el ministerio.*

11) ***Alegamos justa demanda contra dicha Institución:*** *por la impunidad de aquellos casos los cuales revisten vital importancia para la humanidad, tales como la muerte de Juan Pablo I y la del jefe de la guardia vaticana y su esposa, ambos casos ocurridos al interior del propio recinto vaticano sin que estos hayan sido aclarado satisfactoriamente, ya que las experticias o autopsias practicadas a dichos cadáveres no fueron lo suficientemente satisfactorias, por lo que tanto los familiares como gran parte de la humanidad no quedaron suficientemente satisfechos con las conclusiones de dichos casos. A estos se le suma el caso del Nuncio Pedófilo y prófugo de la justicia Dominicana refugiado en el Vaticano; Mons. Josef Wesolowski de origen Polaco y que supuestamente fue encontrado muerto en su recamara en el mismo Vaticano el 28 del mes de Agosto del 2015. Luego las autoridades Eclesiásticas anunciaron que en los próximos días se daría a conocer la autopsia pero esto nunca se realizó. Son hechos recientes que han dejado muchas suspicacias en la conciencia colectiva. Dichos acontecimientos son de suma relevancia por lo que deben ser aclarados con total transparencia para así evitar que la historia los considere como hechos de complicidad e impunidad.*

12) ***Alegamos justa demanda contra dicha Institución:*** *por su participación en el holocausto, la esclavitud y la masacre casi hasta el exterminio de los pueblos indígenas del **Continente Aborigen** conocido hoy como el continente Americano ya que en ese momento dicha Institución ostentaba tanto el poder político como el poder religioso de manera plenipotenciaria. Dicha Institución dictaba sentencias y proclamaba decretos o edictos otorgando beneficios de posesión tanto de los Nativos como de los terrenos conquistados a favor de alguna nación en particular a cambio de la cristianización de los nativos. Dicha Institucion ostentaba todos los poderes tanto divinos como terrenales (cesaropapismo) por lo que se constituye en responsable directa de esta brutal y salvaje masacre, al tiempo de que se le ha de considerar responsable de la atroz esclavitud establecida contra otros seres humanos transportados en jaulas procedentes de otros*

Continentes los cuales fueron tratados peores que animales salvajes. E incluso, hasta se discutió teológicamente si estas personas, tantos indígenas como esclavos poseían alma como los demás seres humanos. Sin dudas que se trató de un exceso salvaje de poder, hechos que aún continúan impune.

13) *__Alegamos justa demanda contra dicha Institución:__* por el total silencio de esta frente al horrendo, vergonzante y monstruoso genocidio cometido por Adolfo Hitler contra de la diáspora judía donde se calcula que desaparecieron entre cinco y seis millones de seres humanos incluyendo ancianos, mujeres y niños, acción que esta ni siquiera condenó a pesar de estar consciente de las vejaciones a la que fueron sometidos estos inocentes por el régimen de Adolfo Hitler. Esta guardo total silencio frente a las torturas a la que fueron sometidos en los campos de concentración y luego quemado vivo en los crematorios, o lanzados vivos a la cámara de gas, acciónes muy parecida a la que llevó a cabo la Santa Inquisición. Tal silencio la constituye en cómplice de este macabro acontecimiento. Quizás su silencio se debió a que en ese preciso momento se firmaba un concordato entre el Vaticano y Adolfo Hitler el cual tuvo lugar el 30 de Enero de 1933 y por diplomacia había que ignorar dichas acciones.

14) *__Alegamos justa demandacontra dicha Institución:__* por la total indiferencia de esta frente a ciertas conflagraciones bélicas en diferentes épocas en las que han perecido miles de criaturas inocentes sin que esta ni siquiera intentase proponer dialogo de paz entre las partes en conflicto manteniendo una aptitud de silencio sepulcral aun siendo conocedora de los efectos producidos por las armas químicas y biológicas usadas como mecanismos de destrucción masiva en determinadas circunstancias lo que la constituye en cómplice directa de tales acciones.

15) *__Alegamos justa demanda contra dicha Institución:__* por esta haberle ocultado a la humanidad el supuesto observatorio más antiguo (EL LUCIFER) el cual nunca había dado a conocer ocultando así la existencia del mismo y reservándose informaciones de suma importancia para la investigación científica relacionadas con la existencia de vida extraterrestre. Esto se ha de considerar un *fraude a la inteligencia ya que como habitantes del planeta tenemos pleno derecho a ser informados de cualquier situación externa que esté ocurriendo alrededor del Planeta. Dicho observatorio se ha mantenido bajo absoluto secreto y es ahora cuando se revela la existencia de este, precisamente, porque no hay manera de ocultar la verdad de la existencia de otras civilizaciones fuera de nuestro planeta ya que son múltiples las apariciones de diferentes tipos de naves que rondan la tierra y que no hace falta disponer de observatorio alguno para presenciarlas mostrándose de manera visibles a decenas de miles de personas sin necesidad de equipos electrónicos sofisticados. Es probable que de la misma manera que se ocultó el "OBSERVATORIO LUCIFER" también se hayan ocultado importantes descubrimientos realizados con dicho observatorio.*

A propósito del Observatorio Lucifer me invade una gran inquietud:

Si el OBSERVATORIO LUCIFER es el más antiguo de los observatorios espaciales tal y como afirma el propio Vaticano, es probable que la sentencia dictada por la Santa Inquisición contra **Galileo Galilei** *tuviera que ver con el surgimiento de dicho Observatorio. Es decir, que la idea del telescopio de Galileo pudo haber sido plagiada y luego perfeccionada por los mismos responsables de la desaparición física de este científico con el fin de apropiarse los conocimientos de dicho científico para así ocultar la verdad. www. elmundo.es>Opinion*

La creación de dicho Observatorio coincide exactamente con la época en que Galileo crea el telescopio. Galileo vive de 1564-1642 mientras que el Observatorio Lucifer se crea en 1578 y en 1633 Galileo Galilei es condenado por herejía por el tribunal de la Santa Inquisición. Galileo es condenado a vivir en arresto domiciliario de por vida bajo el pontificado del Papa Urbano Vlll. https://wol. jw.org>wol>lp-s

16) *Alegamos justa demanda contra dicha Institución:* *por la creación ilegal de tribunales o cortes con el objetivo de juzgar crimines y delitos cometidos por clérigos con el fin de evadir la justicia* ordinaria legalmente constituida, lo cual habría que considerar como una clara obstrucción de justicia.

De permitírsele a la Iglesia Católica el establecimiento de tribunales, el sistema judicial vigente y legalmente constituido se constituiría en cómplice de un poder religioso que no tiene ni facultad ni jurisdicción legal para juzgar crímenes y delitos cometidos contra personas o contra la humanidad. En el supuesto caso de que esta acción sea permitida, el sistema judicial entraría en contradicción consigo mismo ya que dejaría abierta la posibilidad para que otras instituciones actúen del mismo modo sin que nadie pueda alegar ilegalidad. Esto es un asunto sumamente delicado ya que de permitirse tal acción a una Institución determinada, del mismo modo habría que permitírselo a todas las demás, de lo contrario sería discriminación y violación al derecho común. De ser así, la sociedad se constituiría en un caos, puesto de que cada institución tendría facultad para juzgar a sus parciales de manera conveniente mientras que la justicia como sistema ya no tendría razón de ser.

Esto es una aberración y callar ante tal acción seria otorgar legalidad a lo ilegal y eso sería complicidad. Aceptar la constitución de dichos tribunales es regresar a épocas pasadas marcadas por un despotismo sagrado que arrasó con media humanidad. Permitir esto sería apadrinar el establecimiento de un orden ilegal que altera en lo más profundo el ordenamiento jurídico legalmente constituido al tiempo que se estaría contribuyendo a la perpetuidad del imperio de la impunidad.

17) _**Alegamos justa demanda contra dicha Institución:**_ por ser esta la responsable de la confusión en que vive hoy la humanidad en cuanto a la definición del verdadero origen de la especie humana ya que esta se encargó de dislocar el tiempo ocultando más de 4.000 años de historia.

18) _**Alegamos justa demanda contra dicha Institución:**_ por crimen a las ciencias, al conocimiento y a la inteligencia, esta se encargó de perseguir y eliminar a todos aquellos que tenían una concepción diferente del mundo.

19) <u>*Alegamos justa demanda contra dicha Institución:*</u> por *la flagrante violación universal de los derechos humanos, adjudicándose en beneficio propio un Estado el cual no tiene reconocimiento legal de los Organismo Internacionales, especialmente de la Naciones, condición con la cual se beneficia de privilegios e impunidades discriminando así a las demás Iglesias, aun a aquellas más antigua y que reúnen más condiciones y mayor número de miembros.*

20) <u>*Alegamos justa demanda contra dicha Institución*</u>: por *discriminación de la mujer a lo largo de la historia considerándola como un ser secundario incapaz de asumir responsabilidades, especialmente en las distintas jerarquías eclesiásticas.*

21) <u>*Alegamos justa demanda contra dicha Institución*</u>: por *la mentira sabiamente desmentida, mentira que a lo largo de 2,000 años fue convertida en verdad (el Jardín del Edén y Adán y Eva como las primeras criaturas creadas en la tierra) algo que en cualquier sociedad que se considera civilizada se considera delito lo que constituye un engaño y una ofensa a la inteligencia colectiva, a este delito se le llama felonía, por lo que la humanidad ha tenido que arrastrar una conducta de mentiras heredadas desde que se adoptó la figura de Adán como el primer ser humano supuestamente creado en el Jardín del Edén. Este (Adán) se justificó acusando a inocentes; a Eva la acusó de haberlo seducido, dijo que Caín era su hijo sin que este lo fuera y lo acusó de un crimen que quizás no cometió. Le mintió a su supuesto creador poniendo palabras en la boca de la Serpiente.*

Toda esta trama queda desmentida en el momento en que la Iglesia convoca a la comunidad científica a la celebración de un congreso sobre Charles Darwin padre de la teoría de la evolución. Dicho congreso se celebró en Roma del 3 al 7 de marzo del 2014, dos meses y medio después de que fuera publicado el libro titulado **"Ni creación ni evolución."** *El lema de este congreso fue:* **"<u>Dad a Darwin lo que es de Darwin. Pero la creación es de Dios</u>***." Con la celebración de este congreso queda oficialmente aprobada la teoría de la evolución por las altas instancias de la Iglesia Católica a pesar de que la evolución ha sido su peor antagonista de los últimos tiempos. Sin dudas, este es un hecho sin precedente en la historia ya que una institución con* *tantos prestigios construidos en base a una fábula, ahora desmiente su propia historia tirando por tierra su doctrina doblegándose y poniéndose de rodillas ante su enemigo ideológico. Esto es insólito, La teoría de la creación Bíblica, esencia de la fe cristiana ha sido derrotada por sus propios exponentes. www.chiesa.espressonline.it*

Con la celebración de dicho congreso la iglesia católica se desnuda frente al mundo poniendo de manifiesto que el relato de la creación no es más que una falsa. Ahora sin ningún escrúpulo se refugia sumisa bajo la sombra de la teoría de la evolución que por cierto es otra mentira puesto de que esta carece de sustentación científica, histórica y lógica para demostrar con coherencia su verdad.

Lamentablemente, la Iglesia Católica ha cometido el más grave de sus errores ideológicos de toda su historia. Quiérase o no, esta ha abandonado sus principios doctrinarios en los cuales se fundamenta el cristianismo. Esto es algo que la Iglesia Católica jamás podrá enmendar porque marca el principio de su decadencia aunque lo haya hecho con el fin de no parecer como Institución. De qué manera se explicaría y justificaría ahora el origen o creación del Universo, del hombre y de todo lo creado planteado en el relato de la creación bíblica, como por ejemplo: Adán hecho a imagen y semejanza de Dios, los 6 días de la creación, el jardín del Edén, el pecado original, la acusación contra Caín por haber matado a su supuesto hermano Abel, la conducta de desobediencia de Adán y Eva por comer del árbol prohibido, los 930 años que vivió Adán así como los largos años que vivieron sus descendientes hasta Noé. El Diluvio catastrófico donde Dios se revela y sin clemencia acaba con la humanidad. La famosa arca de Noé tan grande como un trasatlántico moderno y la destrucción de las torres de Babel donde se crea la mayor confusión de la humanidad con la diversidad de lenguas entre otros. Cuánto tiempo y cuantas mentes sabias se utilizarían para la elaboración de un proyecto de tal magnitud como es el libro del génesis con el cual se ha gobernado la mente de gran parte de la humanidad por miles de años. Hay que reconocer que este pequeño libro ha sido la hazaña literaria mejor elaborada de todos los tiempos aunque no sea el más real.

¿Cómo puede ser posible que a través de esta obra se haya podido gobernar la mentalidad de gran parte de la humanidad por tanto tiempo?

22) <u>Alegamos justa demanda contra dicha Institución:</u> *por la persecución feroz en contra del conocimiento. Es ella la única responsable del estancamiento del conocimiento y del estado de ignorancia en que ha vivido la humanidad por un periodo de más de 2,000 años, o sea, desde el supuesto año 1ro. Hasta la actualidad. Es decir, el periodo de tiempo comprendido a lo que llamamos "Era Cristiana" la cual vista en tiempo lineal tendría sus inicios a partir del año 4099 extendiéndose hasta hoy día que contado los años de manera real ascenderían a un total de 2017 años donde la suma de ambas cifras sería igual a **6117** años a partir de Caín y Adán hasta nuestros días. Este es el tiempo real de la nueva humanidad en el planeta tierra.*

En el Ciclo pasado o Era cristiana como se le conoce, (los pensadores 100 años atrás) tuvieron que permanecer escondidos a menos que no estuvieran dispuestos a aceptar los postulados de la doctrina establecida. Pensar diferente constituía un grave delito. Esto hizo que los cerebros pensantes se organizaran en pequeñas sociedades secretas, especialmente en los más de 700 años de despotismo de la Santa Inquisición, época en la que se acentuó la prohibición a la libre expresión del pensamiento ya que se consideraba que todo aquello que no estuviera en consonancia con los dictámenes del despotismo doctrinario establecido debía considerarse anatema lo que sería equivalente a una maldición por los que los supuestos infractores debían ser condenado y castigados con los métodos de torturas más aberrantes conocido por la humanidad, (caso Jordano Bruno) y en el menor de los casos, ser recluido a prisión domiciliar y luego el suicidio ya fuera por envenenamiento (la Cicuta) o quemado en la hoguera. Ejemplo: Galileo Galilei entre otros.

Por consiguiente, con la presente demanda no pretendo dañar ni empañar de modo alguno la imagen de nadie ni la de ninguna institución en particular, sino más bien, que a través de una sentencia justa y transparente emanada de la justicia legalmente constituida la humanidad pueda tener conciencia de su historia, noción del tiempo real y definición clara de su origen y su identidad como especie.

La justicia no es solo una entidad destinada a aplicar leyes emanadas de una superestructura llamada poder legislativo, es una entidad al servicio de la verdad y de los sagrados derechos de la humanidad que está por encima de cualquier protocolo de poder. La verdadera esencia de la justicia consiste en hacer que se establezca el orden armónico en que ha de convivir la especie humana ya que la armonía colectiva es la base fundamental donde se engendra, reside y emana la paz, y que sin dudas, es el bien más sublime entre el género humano y su creador. El espíritu de la justicia ha de estar por encima de cualquier circunstancia cualesquiera que fuere al tiempo que ha de actuar de manera independiente e imparcial apegada de manera irrestricta a la verdad sin distinción ni privilegios.

Solamente y a través de una acción responsable de la justicia, el mundo y las generaciones futuras podrán contar con una restauración diáfana y transparente de la historia.

La justicia en sí, es la única Institución de dimensión sagrada, por lo que se ha de respetar por encima de cualquier circunstancia. Nadie puede ni debe interferirla con el fin de cohesionarla en beneficio propio y mucho menos atribuirse competencia que solo a ella corresponden en el ejercicio diáfano de sus funciones. Esta debe actuar con plena libertad e independencia frente a cualquier el hecho y no sucumbir por ninguna razón a favor de ningún poder.

La acción justa de la justicia ha de ser diligente por lo que no debe ni puede ser obstaculizada jamás por ningún motivo ni por ninguna razón, ni siquiera en el orden diplomático ya que esta está llamada a cumplir su misión sin reservas y sin importar la naturaleza de los hechos, sin importar el tiempo ni el lugar ya que de lo contrario se convertiría en cómplice y por tanto seria juzgada en el tribunal supremo de la historia futura. La justicia es la primera y la última garantía con que cuenta la humanidad, por lo que esta ha de ser justa, pronta y transparente. Cuando la justicia es justa resplandece la verdad y el orden armónico se enaltece.

Es necesario un juicio justo para que la mentira, la impunidad y la complicidad desaparezcan como conducta generacional. El delito histórico no puede prescribir en el tiempo ya que esto se constituye en una conducta negativa para las generaciones futuras. Hay que sanear la historia de todo lastre del pasado de una vez y para siempre para bien de las generaciones futuras ya que estas no son dignas de heredar una conducta histórica distorsionada la cual nos haga parecer ante la historia futura como una humanidad de generaciones consecutivas de conducta salvaje, torpes e ignorantes, y más aún, cuando estamos próximos a encontrarnos con otras civilizaciones existentes en el Universo con lo cual quedará definido nuestro origen como especie humana. Esta es una realidad que tarde o temprano tendremos que aceptar y quizás hasta se nos pida cuenta tanto del pasado como del presente.

Como generación civilizada tenemos una responsabilidad sagrada con la historia y debemos cumplirla ahora. No olvidemos que estamos iniciando el 4to. Ciclo de la humanidad después del reencuentro, **el Ciclo del conocimiento científico y tecnológico** *el cual inició en 1901. Este es el Ciclo en que se definirá y se esclarecerá todo aquello que ha estado oculto por miles de años. Es justo que se haga un juicio justo en nombre de la verdad, de lo contrario, el sagrado tribunal de la historia tarde o temprano lo hará. Se ha de restaurar la historia aunque para ello sea necesario estremecer los cimientos de los más imponentes imperios de la tierra, al tiempo de que se ha de proclamar el nacimiento de una nueva Era, en la cual se abrirán las puertas del conocimiento generación por generaciones por toda la eternidad.*

Por lo que me honro solicitar de los honorables magistrados cualesquiera que fueren, que en nombre de nuestra generación y apegados a la verdad, se dignen en dictar y proclamar justa sentencia sobre la demanda en cuestión por la salud histórica de nuestra generación de cara a las generaciones futuras.

Me honro en demandar a la Institución en cuestión por todos y cada uno de los hechos señalados en el presente tratado, especialmente, por los múltiples daños causados a la humanidad tanto físicos, psicológicos y emocionales durante los últimos dos mil años.

Honorables magistrados, son ustedes los primeros responsables de hacer que se establezca el imperio de la ley a través de la administración justa y equitativa de la justicia, solo así se establecerá la paz social y el justo orden ético, moral y armónico que ha de regir al género humano en los tiempos futuros. No temáis, la justicia y la verdad son imperecederas aunque se les oculte por miles de años.

*En el caso de que la Institución demandada resultare culpable deberá ser condenada al pago de (**UN BILLON DE DOLARES**) cuya suma no es más que una indemnización simbólica a la humanidad y a la historia. Que conste de generación en generación, que la suma ante dicha no es ni será jamás suficiente para resarcir ni siquiera los daños físicos, psicológicos, morales y espirituales causados a una sola de las tantas víctimas agraviadas y denigradas por más de 2000 años de historia. Los recursos emanados a través de la presente demanda deberán ser aplicados de la manera siguiente:*

El 70% se deberán aplicar en favor de la orientación emocional y psicológica de aquellas personas víctimas de acoso y violencia sexual proveniente de clérigos o de circunstancias relacionadas. Para tales fines se deberá crear un programa de rehabilitación temporal de alcance mundial dirigido por la Organización de los Derechos Humanos. Dicho programa se encargará única y exclusivamente a ofrecer atenciones profesionales a los afectados por este flagelo sagrado.

EL 30% restante deberá ser utilizado en la restauración de la historia para lo cual se ha de crear un consejo restaurador integrado por hombres y mujeres probos revestidos de pulcritud, honestidad, prudencia e imparcialidad, sin importar raza, nacionalidad o credo religioso ya que en las manos de dicho consejo descansará la verdad que definirá la historia de la especie humana en el planeta tierra. Dicho consejo elaborará de manera objetiva un proyecto de historia lineal y continua que indique con transparencia el recorrido de la humanidad desde el principio hasta nuestros días. Para tales fines se deberá prescindir lo más posible de las influencias de las teorías vigentes puesto de que cualquier vicio de impunidad o complacencia podría contaminar de nuevo el ritmo armónico del tiempo. Dicho consejo deberá ser una dependencia de las Naciones Unidas pero sin que esta influya en las decisiones de los miembros de dicho consejo restaurador. Luego que el proyecto esté debidamente redactado, el consejo restaurador lo presentará a la Asamblea de Las Naciones Unidas y esta lo conocederá, lo aprobará y posteriormente lo proclamará.

Nuestra generación deberá ser sensata e inteligente y con total responsabilidad proveer a las generaciones futuras de un proyecto de historia totalmente saneado. Un acto justo de justicia pondrá de manifiesto: la unidad, la solidaridad, la confraternidad, la conciliación y la armonía universal de la especie humana, por lo que se sentará un precedente en la historia que servirá de referente a las generaciones futuras.

Os solicito, se proclame una sentencia justa en la que se condenen las acciones sádicas y aberrantes cometidas contra la dignidad, la integridad, la grandeza y el espíritu sagrado, sublime e infinito del ser humano como criatura. Es tiempo de que la justicia se corone como el gran estandarte de la verdad en favor de la dignidad humana tanto del presente como del futuro. Si así os hiciereis la justicia se constituirá en intérprete legítima de la sagrada voluntad del supremo creador. Si con esta acción alguien se ofendiere, o si la misma causare algún tipo de intranquilidad, os solicito vuestra disculpa, pero podéis estar seguros, que estoy cumpliendo con un mandato de la historia y vos sabéis que tanto la humanidad como la historia están por encima de toda Institución y de todo poder cualesquiera que fuese. Vosotros sabéis que os digo toda la verdad y que no hay razón alguna por lo que deba ocultarla.

No es justo que calle, pues si así lo hiciere me convertiría en cómplice de aquellos que han ocultado, dislocado y manipulado tanto el tiempo como la historia; de aquellos que han cometido todo tipo de aberraciones salvajes contra la humanidad, de aquellos que se han aprovechado de todos los privilegios para acciones denigrantes, de aquellos que han sacado pingües beneficios de la ignorancia colectiva, de aquellos que han embaucado a la humanidad por miles de años con mitos y fabulas de contenido alucinante, de aquellos que han guardado silencio antes los más horrendos holocaustos y conflagraciones contra la humanidad. Vosotros sabéis que todo esto constituye la negación total de la voluntad del supremo creador ya que esto no es más que la profanación de la esencia del ser humano como criatura del Universo.

No es justo que se manipule la conciencia de la humanidad haciéndole creer que por designo divino existe una Institución que funge como intermediaria entre Dios y la humanidad, eso es un sofisma de contenido manipulador, una falacia con la cual se han justificado infinitas acciones incompatibles a los designios armónicos de la humanidad y la voluntad del creador. Con tales pretextos se han creado lugares místicos con el objetivo de justificar el "poder" como por ejemplo; el paraíso, el infierno y el purgatorio entre otros, de ahí el que se tenga poder para decidir quién debe ir al infierno y quien no, es por eso que en la época de la Santa Inquisición se decidía de manera arbitraria quien debía ser condenado a la hoguera, símbolo de ese infierno aterrador creado por ellos mismos al que irían los condenados por voluntad salvaje de quienes representaban a Dios en la tierra. Todo aquel que no aceptaba el orden establecido era juzgado y acusado de impío, apostata, hereje, renegado, inconfeso, etcétera. El juicio era allí en las ardientes llamas de la hoguera en presencia de la comunidad. El juicio era allí en donde el supremo tribunal presidido por sádicos Inquisidores torturaba y luego quemaban en la hoguera a seres inocentes haciéndolos consumir a fuego lento. Era allí el llanto y el rechinar de dientes de quienes no se convertían como lo establecía la Santa Inquisición. El juicio era allí, no en el paraíso como se suponía que debía de ser. El juicio era allí, pues allí estaba representado el tribunal de Dios en la Institución intermediaria, Institución que poseía poderes supuestamente divinos para condenar al fuego o dar la salvación a quienes consideraba que la merecían. Allí, brutal y salvajemente se llevaba a cabo el juicio final de miles de almas inocentes.

*Para sustentar tales poderes fue necesario crear una serie de estructuras místicas al tiempo que se escogieron ciertos personajes para ser nombrados como funcionarios en los diferentes lugares, como es el caso de **Pedro** quien fue designado como **portero del Cielo**, mientras* que a **Lucifer** un supuesto ángel que gozaba de todos los privilegios en el cielo, que se revelo contra Dios y luego desde la sede de Dios en la tierra (el Vaticano) fue nombrado **jefe de los infiernos.** Parece que hasta ese momento el infierno no tenía jefe ni el cielo tenía portero. Se olvidaron de nombrar a alguien como **guardián del purgatorio** que bien pudo haber sido el **Apostol Pablo** el cual no se sabe por qué no se le asignó el **purgatorio** ya que por lo que parece, Pablo era el segundo hombre en importancia después de Pedro. Pablo hubiese tenido la función de dar entrada y salida a las almas enviadas a ese lugar a pulgar algunas culpas. Lo más probable es que a Pablo no se le nombrara en nada ya que la Iglesia Católica Ortodoxa de Oriente lo adoptó como su apóstol cuando esta se separó de Roma por el llamado Cisma de Oriente y Occidente en el 1054. En el limbo debió asignarse a uno de esos ángeles que vienen y van por el universo, que muy bien pudo haber sido **San Miguel,** que blandiendo su espada contra **Lucifer** protegería a las almas que se van de este mundo a ningún lugar. ¿O es que todavía esos dos últimos puestos están vacantes? De verdad que esto es insólito, pero esto solo es parte de la leyenda.

No continuemos dividiendo a la humanidad con credos religiosos ya que estos no hacen más que justificar a sus dioses que por lo general son dioses sádicos y manipuladores los cuales se complacen con el sufrimiento, el derramamiento de sangre y la profanación de la dignidad de millones de seres humanos a lo largo de la historia en lo que sus ministros solo se han empeñados en crear y conservar poder y privilegios aprovechando la ignorancia colectiva. No vivimos en tiempo de oscuridad, esos tiempos ya pasaron, la humanidad ha despertado a pesar de todos los obstáculos. No se puede pretender continuar ocultando la verdad con el fin de seguir manipulando la ignorancia, condición a la que hemos sido sometidos de generación en generación. Eso ya terminó. La luz del conocimiento y de la inteligencia ha comenzado a brillar en la mente de la humanidad y nada la detendrá.

NOTA FINAL:

No ciento en lo absoluto animadversión contra la institución que en la ocasión me honro en demandar, pues, solo pretendo que la justicia exprese su fortaleza haciendo brillar la pureza de la verdad para bien de las generaciones tanto de los tiempos presentes como de la generaciones futuras. Si estuviese que hacerlo en contra de cualquiera otras circunstancias os aseguro que sin reservas mil veces lo haría. Jamás he de negar que en esta institución me forme académica, filosófica y teológicamente, pero eso no significa que deba callar la verdad. Jamás me haré cómplice de situaciones que puedan ensombrecer la armonía y el sano desarrollo del género humano, ni de nada que contravenga la dignidad y los derechos sagrados que por naturaleza divina le asisten a cada persona, es más, ni siquiera con el fin de preservar un solo segundo más de vida en este mundo.

*Mi vida, mi fe, mi dignidad y mi libertad no las debo a nadie ni las empeño por ningún precio, ni por ninguna razón. Las devolveré integras solo al que me creo porque solo a él le pertenecen. Sé que mi recompensa ha sido reservada desde el principio y no tengo ni la más mínima duda que este es el más preciado de los tesoros, **la eternidad**, la cual no es negociable bajo ninguna circunstancia porque nadie, absolutamente nadie podrá arrebatármela. Si por alguna razón la presente demanda no prosperase, ya sea porque se prefiera mantener el sistema de complicidad, impunidad y privilegios aún vigente, o porque se considere que la misma no reviste la suficiente importancia, o que esto podría significar un atentado contra el orden manipulador establecido, o que no hay necesidad de hacer ningún tipo de restauración de la historia para que aquellos que fueron capaces de distorsionarla no se ofendan aunque la humanidad nunca encuentre sus verdaderos orígenes, o que simplemente se considere que es mejor mantener a la humanidad en estado de letargo e ignorancia permanente para que esta no tenga conciencia de su identidad como especie humana, única y universal. Si por estas u otras razones dicha demanda se revocare contra mí, os solicito de quien fuere el mortal que asuma la competencia, que se me conceda el honor de ser desterrado en cuerpo y alma de la faz de la tierra y que se me lance al espacio infinito para así tener la satisfacción de que por la verdad fui desterrado de este mundo hacia la eternidad. Os aseguro, que si así os* *hiciereis se me habrá concedido el más sublime privilegio, que no es otro sino, el de contemplar en total plenitud a los sagrados inmortales más allá del infinito en sus excelsas moradas. No temo ni temeré jamás, pues de ahí vengo y ahí he de regresar.*

La presente acción es un deber que me asiste porque emana de fuerzas superiores que están por encima de todas las posibilidades de cualquier mortal y yo no hago más que discernir y cumplir como criatura del universo y ciudadano de este mundo.

La verdad es la antorcha que ha de iluminar el futuro de la humanidad en los días venideros y ningún sistema o institución por más poderes y privilegios que se haya atribuido podrá estar por encima del orden y armonía que ha de venir en favor de toda la humanidad de generación en generación.

¿Qué mortal de este mundo sería capaz de anteponerse e impedir el establecimiento del justo orden que ha de armonizar la especie humana con todo el Universo?

Solo ansió que la luz de la verdad, del conocimiento y de la justicia resplandezca e ilumine desde ahora y para siempre por toda la eternidad.

Magistrados y Magistradas, vosotros sois portadores de la Balanza y el Martillo: la balanza, símbolo del espíritu de la justicia. El martillo, símbolo y confirmación de la verdad proclamada.

Juan de Dios Cabral
Junio 12 del 2018

TRATADO-V

CARTA ABIERTA A LAS NACIONES UNIDAS
Al excelentísimo Señor Antonio Guterres.
Secretario General.
Extensiva:
A la UNESCO, Organización para la Educación, la Ciencia y la Cultura.
A la Corte Internacional de Los Derechos Humanos.
A los Antropólogos, Arqueólogos e Historiadores.
A la comunidad Académica y Científica.
Excelentísimos Señoras y Señores:
Tengo el honor de dirigirme a tan distinguidas entidades con el fin de solicitar de todos y cada uno, dignos dignatarios, que en lo adelante se le practique una experticia minuciosa a la Historia cuyos resultados deberán ser determinantes para la definición definitiva del origen e identidad del género humano. A ustedes les asiste el deber y derecho inalienable de decidir sobre cualquier circunstancia que de algún modo afecte o haya afectado la integridad y la convivencia de la especie humana. Les ruego encarecidamente se dignen en nombrar una comisión de honorables que evalué y considere mi propuesta sobre la restauración justa tanto del tiempo como de la historia con el objetivo de que se provea cuanto antes a la humanidad de un proyecto saneado de la historia.

Tengo el firme convencimiento de que en la especie humana se tiene la errónea percepción de que somos una especie sin identidad, (animales racionales) gracias a que no contamos con una historia con tiempo lineal y continúo que nos conduzca hacia el verdadero origen. Sabemos que la historia ha sido trastocada en múltiples ocasiones con el fin de dislocar y ocultar el tiempo, especialmente, en todo lo que fue la Era de las Monarquías que por desgracia se contó el tiempo de modo irregular, es decir, de manera inversa, además de que se ocultó a los grandes personajes de dicha Era los cuales no cuentan ni siquiera con la fecha en que murieron, mientras que en la Era anterior se le dieron 21 cortes consecutivos al tiempo. Tal manipulación se hizo con el fin de que no tengamos ni la más mínima noción de nuestro origen. Somos una especie que a pesar de los avances alcanzados en los últimos tiempos continuamos sumergidos en teorías superfluas, confusas y sobre todo falsas de toda falsedad.

Excelentísimos señoras y señores, en sus manos descansa la posibilidad de que la humanidad sea provista de una historia saneada, de manera tal, que en lo adelante podamos definir cuál ha sido nuestra trayectoria de permanencia en este planeta. De ustedes depende que la humanidad se reencuentre consigo misma o que continúe bajo el velo de la ignorancia, la duda y la confusión con respecto al verdadero origen de la especie humana en la tierra.

Juan de Dios Cabral
Julio 11 del2018

Tratado anexo:

TRATADO-V

ACTA DE RESTAURACIÓN DE LA HISTORIA

Es justo reconocer que la humanidad ha sido sometida a lo largo de su historia a vivir extensos periodos de confusión y desorden cronológico, que lo que debió ser continuidad lógica del tiempo no ha sido más que tiempo fraccionado y tiempo contado a la inversa. Cuando analizamos detenidamente el pasado nos damos cuenta que después de miles de años no contamos con un manual que indique correctamente el punto de partida de una cronología lineal de la historia, elemento fundamental para definir el tiempo continuo de la humanidad. Solo contamos con algunos fragmentos de historia y algunas fracciones de tiempos dispersos e incompletos, razón por la cual se torna difícil determinar con precisión nuestro origen como especie humana; única, múltiple y universal. Cuando uno se detiene a analizar el pasado se da cuenta del desorden cronológico con que se ha manejado tanto el tiempo como la historia. La humanidad no cuenta con una historia continua que indique una línea recta del tiempo. Nuestra historia está plagada de grandes vacíos cronológicos lo que significa que la historia fue trastocada con el fin de distorsionar la línea recta del tiempo para que la humanidad no pudiera tener jamás ni siquiera noción de su verdadero origen. Todo se hizo con un propósito y una intención claramente deliberada. Hasta el momento nadie se ha percatado de esta realidad la cual es fundamental para la definición nuestro origen como especie. Vamos a estar claros, alguien hizo esto de manera deliberada. Cuando analizamos el primer Ciclo que real y efectivamente comienza con Caín y Adán y se extiende hasta Abraham, o sea, las primeras 21 generaciones, nos damos cuenta de la fragmentación tanto del tiempo como de la historia. Aquí se efectuaron 21 cortes a un periodo de tiempo de 2071 años con lo cual se pretendió dislocar la noción real del tiempo ya que se le asignó un numero exagerado de anos a cada descendiente para de ese modo dar un corte tanto al final como al inicio del descendiente principal.

Resulta curioso que en el primer Ciclo (desde Caín y Adán hasta Abraham) se llevara un registro riguroso tanto de los años que vivió así como de los años que tenía cada uno de estos personajes cuando engendró a su descendiente, mientras que en el Ciclo posterior el cual comienza con Isaac el hijo de Abraham hasta Jesús el hijo de María la esposa de José, la manipulación fue todavía peor; no se le contaron ni siquiera los años vivido a los grandes personajes de dicho Ciclo, y aun peor, se contó el tiempo a la inversa como si el tiempo hubiese ido en retroceso. Este segundo periodo de tiempo (Ciclo de las grandes Monarquías) tuvo un periodo de duración de 2028 años.

Tal manipulación fue tan efectiva que hasta los más inminentes científicos y los más eruditos historiadores han tenido que hablar de un **antes** y un **después** porque precisamente ese era el principal objetivo de aquellos que trastocaron tanto la historia como el tiempo.

La definición del tiempo y de la historia es esencial y fundamental para la definición del origen e identidad de la humanidad. **Esto no fue un juego de niños, alguien**

sabía que ocultando tanto el tiempo como la historia se tenía el control no solo de la ignorancia colectiva, sino también de la inteligencia. Pudo haber sido intencional o no, pero lo cierto es que se logró que hoy andemos perdido sin una cronología lineal, clara y exacta del tiempo. Es preocupante el hecho de que hasta la comunidad científica haya quedado atrapada en el confuso laberinto de la indefinición del origen donde no ha quedado más alternativa que especular y crear teorías para de ese modo tratar de dar repuestas a las interrogantes sobre el origen. Todos estamos tristemente atrapados en el laberinto de estas dos grandes teorías donde nuestra definición como especie se torna cada vez más difícil de descifrar.

Puedo asegurar, que hasta que no haya una definición correcta tanto del tiempo como de la historia no habrá definición correcta sobre el origen de la especie humana.

Ha habido dispersión masiva tanto del tiempo continúo como de los hechos históricos, pero esto no significa que no podamos llegar al punto de partida. Existen formas de cómo hacer una restauración justa del tiempo y de la historia, pues, estoy seguro que existen acontecimientos que apuntan hacia el origen aunque los mismos no precisen con exactitud el tiempo exacto, pero están ahí, lo único que hace falta es voluntad y decisión de quienes ostentan el poder.

No se explica cuál pudo haber sido el objetivo de aquellos que tenían en sus manos todo el control de la realidad pero que solo tomaron en consideración algunos detalles históricos con tiempo inconcluso. O sea, que los que en el pasado tenían el poder para regular el tiempo y honrar la historia no hicieron más que trastocar estos elementos con el fin de ocultar el origen real del ser humano para así crear la mentalidad colectiva del antes y el después de...

Para hacer una restauración justas tanto del tiempo lineal como de la historia continua solo se necesita; voluntad, integridad, independencia, visión y firmeza. La humanidad necesita una historia restaurada caiga quien caiga, no se trata de complacer a personas o Institución alguna, se trata de un asunto de responsabilidad con la historia en la justa definición de nuestra identidad como especie.

No olvidemos que las generaciones futuras tarde o temprano nos pedirán cuenta del pasado, o sea, de la totalidad del tiempo y de la historia. No es tiempo para cruzarnos de brazos y culpar a nuestros ancestros y a generaciones recién pasadas de tal desastre para así disculparnos y justificar tales errores ante las generaciones futuras. Eso no es justo. Lo justo es reconocer los errores y enmendarlos sin importar el tiempo ni quienes los cometieron. Hay que recopilar con honestidad el tiempo y la historia ya que solo a través de la línea recta del tiempo y de la historia encontraremos la repuesta correcta del origen.

No podemos continuar auto engañándonos con simples teorías carentes de soportes lógicos, teorías que ni siquiera son capaces de demostrar sus propios postulados ya que en vez de aclarar la verdad no hacen más que confundir a la colectividad. Teorías que han dejado confundidos hasta a sus propios autores y posteriormente a sus ilustres exponentes.

Para hacer una restauración del tiempo y de la historia hay que partir de los acontecimientos ocurridos en cada Ciclo y ese recorrido nos dará justamente el tiempo lineal y continuo. Veamos:

Primer Ciclo o Era del reencuentro: comprende los primeros 2071 años y va desde Caín y Adán hasta Abraham, este Ciclo se contabilizó a través de fracciones de tiempo, es decir, los años que vivió un determinado descendiente. Sin embargo, cuando medimos el tiempo a través de los años que tenía cada personaje cuando engendro a su descendiente nos da justamente 2071 años.

Segundo Ciclo o Era Monárquica: comprende desde Isaac el hijo de Abraham hasta el año 1 de la llamada Era cristiana o Constantiniana a la que se le cuentan 2028 años, aunque no se explica por qué en este Ciclo o Era Monárquica no se hizo constar ni siquiera fracciones de tiempos significativos como se hiciera en el ciclo anterior, y por qué se contó el tiempo a la inversa, o sea de arriba hacia abajo. Se deberá hacer un análisis minucioso que permita determinar qué pasó con el tiempo y con la historia en estos dos primeros Ciclos o Eras ya que tenemos una dislocación de más de 4.000 mil años que sin duda alguna es un tiempo clave para la definición de nuestro origen como especie humana.

Tercer Ciclo o Era Cristiana: se inició en el año 1ro según el calendario gregoriano y se extiende hasta nuestros días. A esta Era se le cuentan 2018 años partiendo del 1850 que según se narra es el año en que Abraham emigró hacia Mesopotamia más los años que vivió su hijo Isaac, 178 años que es igual a 2028 años.

¿De dónde sacó la Biblia este número de 1850 para señalar la Emigración de Abraham hacia Mesopotamia, o no seria que esto marco de manera aproximada el primer Ciclo de la humanidad?

Nota: Me parece muy extraño el hecho de que en la Era de las Monarquías se contara el tiempo a la inversa, es decir, de arriba hacia abajo siendo este el Ciclo en el cual se fundaron y se establecieron los más grandes imperios del planeta Tierra conocido por la humanidad. Es también el Ciclo en el cual surgieron los más grandes filósofos, matemáticos, físicos, Astrónomos, oradores, Reyes, Emperadores y príncipes entre otros. Despierta sospecha que ninguno de los grandes personajes de este Ciclo aparezca con tiempo preciso, ni siquiera personajes Bíblicos como Moisés, el Rey David y el Rey Salomón entre otros los cuales solo aparecen con los años que estos gobernaron, pero no los años que estos vivieron como efectivamente se hizo con los personajes del Ciclo anterior que se supone tenían menos capacidad para llevar un registro del tiempo, (a pesar de que se hizo por fracciones) esto significa que alguien alteró más de 4,000 años de historia. Quiérase o no, más temprano que tarde se sabrá con qué fin se llevó a cabo tal manipulación.

Es evidente que la historia define el tiempo y el tiempo define nuestra identidad como especie por lo que ambos elementos se han de respetar como tal ya que marcan el punto de partida del ser humano en el planeta tierra. No es justo que continuemos siendo una humanidad sin identidad como especie solo por no tener una definición clara del tiempo debido al desorden cronológico al que hemos sido sometidos por miles de años.

Alardeamos de ser una especie de seres inteligentes y civilizados, sin embargo, cuando se trata de nuestro origen ignoramos absolutamente todo. Somos una humanidad sin noción del tiempo, sin historia continua y sin identidad como especie, duele decirlo, pero es la verdad.

La humanidad se divide en tres; primero, los que creen que descienden de Adán como el primer hombre creado en el Edén, segundo, los que creen que descienden del Mono. Ambos albergan en la profundidad de su conciencia de que su origen proviene de la Selva y tercero, los que creemos que nuestro origen proviene de civilizaciones altamente inteligentes.

Es de suma importancia que se abra una investigación que conduzca a determinar a partir de cuándo se redactaron los hechos, tomando en cuenta el origen de las letras como expresión del pensamiento y luego, quienes tenían aseso a conocer y aprender dichas letras. Esto parecería un simple detalle, sin embargo, es algo fundamental en la definición de la historia. Recordemos que la educación formal y colectiva es relativamente reciente, o sea, que hace menos de 200 años que la educación se constituyó como algo público y de acceso colectivo ya que la misma estaba reservada al clero, a la nobleza y a la elite burguesa, solo estos gozaban de tal privilegio, y son estos privilegiados los que redactaron los hechos y son ellos los que van a determinar la importancia tanto el tiempo como de la historia. A mi entender, no podemos obviar lo siguiente:

¿No sería que estos, respondiendo a intereses particulares se ocuparon de ocultar el tiempo y distorsionar los acontecimientos históricos relevantes para así ocultar la grandeza y dimensión de algunos personajes para de ese modo poder proyectar figuras de su conveniencia, especialmente en el ámbito religioso y luego dimensionarlas en el tiempo, e inclusive, con categoría de Dioses? Si no se hubiese manipulado el tiempo y trastocado la historia de la manera que se hizo no hubiese sido posible proyectar tales figuras y establecer así un nuevo orden específicamente en el ámbito religioso. O también pudo haber sido que se tratara de ocultar el origen e identidad de la especie humana con el objetivo de crear y desarrollar una mentalidad distorsionada del verdadero origen. O pudo haber sido también con el fin de darle un corte gigantesco al tiempo y a la historia para que solo se pueda citar: **el antes de... y el después de...**

En el supuesto de que así hubiera sido, quizás no se pensó que tal acción se constituir en un problema mayúsculo con el cual se crearían grandes confusiones en la definición de nuestra identidad como especie, o tal vez este era precisamente el objetivo.

Tal acción nos compromete antes las generaciones futuras a sanear la historia con absoluta responsabilidad y pulcritud, al tiempo que nos obliga a trazar una línea recta y continua del tiempo real, de no hacerlo podríamos ser considerados en el futuro como una generación más, cómplice de acciones salvajes cometidas en el pasado contra la identidad de la humanidad.

Es una ardua tarea, pero debemos asumirla como generación y de una vez y por todas enmendar los errores cometidos cueste lo que cueste ya que tarde o temprano habrá que hacerlo.

No hay porque temer a nada ni a nadie, nadie es dueño ni del tiempo ni de la historia, ambos son patrimonios absolutos de la humanidad de generación en generación y nadie tiene derecho a ocultar, a alterar o distorsionar ya que son valores esenciales para la definición del origen e identidad de la especie humana.

Si en lo adelante alguien se opusiese a la restauración justa de la historia deberá prepararse para el juicio implacable de las generaciones futuras las cuales impondrán penas mayores que las que le serán impuestas a aquellos que en el pasado la distorsionaron con premeditación y alevosía.

Nadie, absolutamente nadie tiene derecho a jugar con la identidad y la inteligencia de la humanidad, puesto de que esto constituye nuestra esencia como criaturas. Si por equivocación alguien lo intentase; ya sea por interés personal o institucional, deberá ser juzgado públicamente para que en ningún momento vuelva a existir confusión sobre el origen y la identidad de la especie humana.

Las generaciones futuras no nos juzgaran tanto por la distorsión de los hechos, sino por nuestra negligencia y complicidad con aquellos que de manera indiscriminada alteraron el orden cronológico de la permanencia del ser humano en la tierra y que por cobardía o ignorancia como generación no hemos sido capaces de resarcir. En la medida de nuestra indiferencia a tan ignominiosas irregularidades, en esas mismas medidas nos constituimos en cómplices aunque como generación no las hayamos cometido. Consideramos que por ser nuestra generación sabia e inteligente no tenemos más alternativa que asumir y enmendar dichas irregularidades fuesen cueles fuesen y cueste lo que cueste. Estoy seguro que de llevarse a cabo una acción restauradora de la historia se engrandecería el género humano por toda la eternidad y se glorificaría la generación que actué en consecuencia por haber sido capaz de discernir e interpretar con prontitud y responsabilidad los signos de los nuevos tiempos.

Es urgente y necesaria una transición transparente hacia el nuevo **"Ciclo del conocimiento científico y**

tecnológico" que comenzó en 1901 y precisamente es aquí cuando la humanidad comienza a transitar por los umbrales de un mundo nuevo iluminado por el conocimiento científico y tecnológico que nada ni nadie revertirán. Los cambios son categóricos e irreversibles, ellos obedecen a la lógica del Universo lo comprendamos o no. No olvidemos que la verdad ha de ser siempre el espíritu sagrado de la historia y por ninguna razón deberá ser mancillada, menos por conveniencias circunstanciales.

Es hora de resarcir y enmendar con humildad todos los errores tanto del pasado como del presente despojándonos de toda soberbia, arrogancia, orgullo, hipocresía, prepotencia e ignorancia.

Es justo que reconozcamos las barbaries y atrocidades salvajes cometidas en el pasado contra la humanidad, contra la creación, contra el creador y contra el universo. Es hora de que reconozcamos el desorden cometido contra el tiempo y contra la historia lo cual ha alterado nuestra identidad como especie, ya fuese cometido por ignorancia o simplemente por abuso de poder. Por ninguna razón ocultéis, neguéis o ignoréis la verdad porque la verdad es y será siempre eterna e imperecedera.

Para que podamos tener un mundo con características puramente humanas regido por la verdad y la justicia, es necesario que nos despojemos de toda mentira e hipocresía, males que venimos arrastrando desde hace miles de años y que forman parte intrínseca de nuestra conducta socio-religiosa.

Tenemos que reconocer que hemos andado perdidos por miles de años en búsqueda de nuestra identidad simplemente por no tener una línea recta de la historia ni una continuidad lineal del tiempo. La historia y el tiempo fueron trastocados con el objetivo expreso de que haya que hablar de manera categórica, **de un antes y un después**; del antes, que por desgracia sabemos muy poco y del después que fue establecido a sangre y fuego (Hoguera y Guerra Santa).

La historia está a la espera de ser restaurada, especialmente de aquellos traumas que la han ensombrecido durante miles de años, traumas que han creado una estela de confusión sobre nuestra identidad como especie. Traumas creados por fabulas fantásticas que solo existieron en las mentes de aquellos que manipularon los hechos de manera conveniente a sus intereses particulares. No hay manera de continuar justificando nuestro origen a través de fórmulas fabulosas. Debemos de enmendar los errores cometidos sin aludir a apelaciones falaces que no hacen más que obstaculizar y oscurecer el camino hacia la verdad.

No se trata de hacer sentir bien o mal a nadie, se trata simplemente de que la verdad resplandezca e ilumine con todo su esplendor el futuro de la humanidad para que esta pueda transitar con transparencia la ruta lineal del tiempo continuo.

Desde hace mucho tiempo se han establecido formas y costumbres sutiles para ocultar la verdad y de ese modo manipular la ignorancia colectiva. Por otra parte, se ha creado la conducta del silencio y la indiferencia frente a la verdad con lo cual nos hemos convertido en cómplices de la mentira haciéndonos voceros colectivos de la frase que dice: "**todas las verdades no se dicen.**" Dicha frase es el slogan o lema que personifica; el miedo, la hipocresía, el engaño, la complicidad y la impunidad. Es decir, la verdad convertida en silencio para que la mentira se constituya en verdad. <u>Dicha frase es la madre de las más aberrantes perversidades.</u>

El momento es propicio para restaurar la historia y enarbolar la bandera de la dignidad e identidad de la especie humana de cara al futuro. De no hacerlo, seriamos juzgados de manera implacable por las próximas generaciones, especialmente, por habernos constituido en cómplice de la distorsión de la historia y la dislocación del tiempo.

Estoy plenamente convencido, que la teoría de la creación bíblica es una fábula mitológica en decadencia que no puede ser sustentable bajo ningún principio razonable; ni científico, ni histórico ni lógico, y que la teoría de la evolución no es más que una falacia deshumanizante, confusa y profundamente discriminatoria ya que en el supuesto de que seamos producto de la evolución habría que ver cuál de las razas fue posterior al mono y luego cuál continuo después. Esta teoría categoriza al ser humano como un semi animal (animal racional) o sea, que lo que nos hace diferente a los animales es simplemente la razón, pero hay algo que los teóricos defensores y promotores de esta teoría no han podido explicar; cómo y cuándo se originó en los humanos la inteligencia, el conocimiento y la razón, cualidades que ninguna otra especie ha podido alcanzar aun teniendo la misma estructura cerebral que el ser humano y las mismas condiciones climatológicas.

Aquel que invento el término, "animal racional" redujo la grandeza humana a la mita y quizás esto haya sido motivo suficiente para que los seres humanos no nos respetemos como criaturas y actuemos en condiciones peores que los mismos animales autodestruyéndonos como si se tratara de una especie de seres salvajes incluyendo a los propios científicos que aun han tenido la oportunidad de profundizar en algunas áreas del saber, pero que en ocasiones han sido capaces de elaborar fórmulas de destrucción masiva olvidándose que somos una especie de seres de dimensión sagrada que va más allá de la simple y pura materia. Que poseemos lo más sublime; el conocimiento y la sabiduría atributos propios de los seres celestiales. No olvidemos que venimos de lo alto.

La teoría de la evolución es una teoría profundamente discriminatoria y xenofóbica que no contribuye en nada a la armonía y la convivencia del conjunto humano. Mientras que por otra parte, la teoría de la creación carece de fundamentos lógicos, científicos e históricos para demostrar que la especie humana se originó en el Jardín del Edén ya que ese lugar nunca existió en ninguna parte del Planeta Tierra. Ambas no hacen más que crear un estado de duda y confusión con respecto a nuestra identidad como especie única y superior a todas las demás especies.

Somos seres del Universo. Basta ya de falacias, fabulas mitológicas y tonterías evolutivas. Vayamos hacia la verdad del origen y reconozcamos de una vez por todas que somos una especie singular y única la cual se distingue entre todos los universales por su capacidad de raciocinio, sabiduría e inteligencia, cualidades que jamás ha podido ni podrá alcanzar ninguna otra especie en el reino de los vivientes. Cualidades que nos caracterizan desde nuestro origen como seres de dimensión ilimitada más allá de nuestra simple percepción.

POR LO QUE CONSIDERO:

1-Que la especie humana es una, única, múltiple y universal, que donde quiera que haya sido creada fue creada pura, libre y sabia sin ningún tipo de corrupción ni alteración bioevolutiva, ni bajo la circunstancia de ningún fenómeno mágico y fabuloso como el Jardín del Edén.

2- Que cada individuo está revestido de todas las facultades sagradas que solo los seres humanos poseemos desde el principio de nuestra existencia sin importar el lugar y la dimensión del Universo en que hayamos sido creado.

3-Que fuimos revestidos de igualdad de deberes y derechos como individuo único e irrepetible, lo que nos constituye en ciudadanos del mundo, no por estatus literal, sino por origen natural y dimensión universal, condiciones absolutas, inalterables e intrínsecas en cada ser humano.

4- Que toda manipulación que conlleve limitación o reducción de tales facultades resultará contraproducente al verdadero origen ya que esto alteraría la propia esencia del individuo al tiempo que se le privaría de su libre albedrío para discernir y disentir de cualquier acontecimiento adverso a los fines sublime del creador.

5- Que ningún poder, Institución o persona deberá estar por encima del espíritu de la justicia ya que esto corrompe el orden y la armonía colectiva al tiempo que se corroe el bien común, expresión y esencia del bien supremo, fuente primigenia del amor y la felicidad universal inherentes a cada individuo.

6- Que la justicia es un bien supremo que nadie tiene derecho a manipular convenientemente a su favor en detrimento de la armonía colectiva.

7- Que toda acción de una determinada generación repercute necesariamente en las generaciones posteriores positiva o negativamente definiendo así un patrón de conducta ya sea liberar o alienante.

8- Que las generaciones futuras serán infinitamente más sabias, más sensatas y más prudentes que las generaciones antecesoras incluyendo la nuestra y estas estarán a la espera de una historia debidamente saneada y restaurada. No olvidemos, que como generación nos corresponde mostrar el nivel más elevado de sabiduría y sensatez asumiendo con responsabilidad el compromiso solemne de resarcir los errores del pasado y entregar a las futuras generaciones un legado saneado de la historia sin alteración alguna de la línea recta del tiempo.

9- Que en el futuro próximo, queramos o no, tendremos que interrelacionar con otras civilizaciones de humanos del Universo, e incluso, más avanzadas que la nuestra y que para que esto suceda será necesario el establecimiento de un orden de absoluta armonía entre nosotros como conjunto humano.

10- Que ninguna Institución tiene derecho a crear y luego manipular la ignorancia colectiva para su propio beneficio por más poderes y privilegios que se haya atribuido.

11- Que ninguna institución es ni ha sido jamás depositaria ni representa de ningún modo las supremas e infinitas fuerzas que crean, armonizan y vitalizan al Universo.

12- Que la ONU es la única Institución que tiene dimensión autónoma, absoluta y Universal, al tiempo que está revestida de facultad legal para juzgar cualquier circunstancia que afecte o haya afectado la integridad e identidad de la humanidad.

Por lo que considero, que ha llegado hora de que Las Naciones Unidas disponga de sus buenos oficios y sin dilación alguna, dicte y proclame una resolución ordenando la restauración justa del tiempo y de la historia. De no hacerlo, nos habremos constituido en cómplices de las acciones más oscuras del pasado y seremos sentenciados por las generaciones futuras por complicidad e ignorancia pasando así a la eternidad de la historia como generaciones consecutivas de humanos de conducta salvaje.

Solo Las Naciones Unidas revestida de la facultad que le ha sido conferida por la humanidad puede constituirse en tribunal Supremo y juzgar la veracidad de la dislocación y alteración tanto del tiempo como de la historia. Es la única Institución que tiene jurisdicción y plena facultad para conocer, deliberar, juzgar y dictaminar sobre cualquier circunstancia ya sea del pasado o del presente, siempre y cuando dicha circunstancia tenga o haya tenido incidencia en la alteración del orden natural y armónico de la sana convivencia del género humano.

De llevarse a cabo dicho proyecto, Las Naciones Unidas se constituirían en la Institución más respetable de la Tierra eternizándose con los más altos honores alcanzados por la humanidad en toda su historia. Sus méritos trascenderían en el tiempo de generación en generación.

DISLOCACIÓN DEL TIEMPO Y DE LA HISTORIA:

1ro. Ciclo o Era del Reencuentro Interhumano.

a) fracciones de tiempo del primer Ciclo. Ejemplos:

Las primeras 21 generaciones del relato del Génesis constituyen 21 cortes gigantescos tanto al tiempo como a la historia ya que en este primer Ciclo el tiempo se midió según los años que supuestamente vivió cada uno de los principales descendientes, cumpliendo edades extremadamente exageradas. Parece que todo se hizo con el fin de fraccionar el tiempo y de ese modo confundir todo razonamiento sobre el origen. No cabe duda de que esto fue una estrategia sagaz de los autores del libro del Génesis con fin de crear la sensación de que pasó un largo periodo de tiempo de un personaje a otro y que luego la suma de todas esas fracciones de tiempo daría como resultado un periodo de tiempo extraordinariamente largo y al mismo tiempo confuso donde no aparece por ninguna parte, en qué año nació ni en qué año murió determinado personaje. Es decir, el tiempo comenzaba en el año 1 de la vida de un personaje y terminaba supuestamente cuando ese personaje desaparecía. Ejemplo: Adán vivió 930 años. Set su hijo 910 años y así sucesivamente sin que haya una secuencia lineal o continuidad del tiempo lineal como si se tratara de una estrategia con el fin de confundir la inteligencia y la ignorancia de las generaciones subsiguientes de forma que jamás se pudiera tener ni siquiera noción del verdadero origen del ser humano.

Otros cortes que van a tener un impacto determinante en la conducta colectiva son los siguientes:

b) El supuesto Diluvio universal:

Aniquilación de la humanidad, por tanto terminó el tiempo y se ha de comenzar de nuevo. Aquí estamos hablando de la suma de tiempo de las primeras 10 generaciones. Si aceptamos el hecho del Diluvio como real tendremos que admitir que el Dios de Noé es un Dios sádico y terrorista ya que no le importó ver agonizar su propia obra la cual elimina inclementemente unos cuantos años de haberla creado. Este Dios es un Dios que reconoce su propia imperfección ya que se arrepiente de sus acciones. Esta es una historia que quiérase o no crea un profundo trauma de confusión y de terror en la conciencia colectiva. En este relato se hace referencia de que el diluvio ocurrió supuestamente en el año 600 de la vida de Noé, el mes segundo, el día 17 del mes. Gen.7, 11.

c) Las Torres de Babel:

La famosa Torre de Babel es un periodo de tiempo sin tiempo, solo se sabe que supuestamente ocurrió después del diluvio. En este hecho se va obviar el tiempo aunque Noé todavía estaba vivo por lo que se estima que no había pasado mucho tiempo después del supuesto Diluvio, lo que no se explica es, de dónde apareció tanta humanidad en tan poco tiempo ya que en el diluvio solo se salvaron; Noé y su mujer, sus tres hijos y las esposas de sus hijos. Con el acontecimiento de la torre de Babel se pierde el ritmo y continuidad del tiempo ya que es un hecho que por lo que se narra tiende a borrar la propia identidad y armonía de la humanidad. Con dicho relato se pretendió confundir aún más a la humanidad con la supuesta diversidad de lenguas como si se tratara de un estado de caos y confusión. A través de este relato se pretendió dislocar aún más la línea recta del tiempo estableciendo de este modo una cultura de confusión, separación y contradicción colectiva. Gen. 11,1s.

Este primer Ciclo, si lo medimos en línea recta va a contar con 2071 años a partir de Caín y Adán hasta Abraham. Para llegar a esta conclusión hemos tenido que partir de los años que tenía la persona comenzando por Adán cuando engendro' al descendiente siguiente y así sucesivamente. Algo curioso es, que siendo Caín y Abel los primeros descendientes no aparezcan en la línea genealógica de descendencia.

2do. Ciclo o Era Monárquica:
Dislocación de más de 2,000 años de tiempo y de historia.

Emigración de Abraham a Mesopotamia hacia el año 1850:

La emigración de Abraham a Mesopotamia en el año de 1850 es un dato claro y evidente de que el primer Ciclo que va desde Caín y Adán hasta Isaac el hijo de Abraham se le cuenta efectivamente 2071 años. Este es otro gran corte al tiempo y a la historia. Con este hecho sucede algo extraño y es que solo se conocen los años que vivió su hijo Isaac que por cierto es el último de la lista de las 21 primeras generaciones del primer ciclo aunque realmente Isaac corresponde al segundo ciclo o Era monárquica. Es curioso que desde Isaac hasta el inicio de la llamada Era cristiana no aparezca ni siquiera fracciones significativas de tiempo. Con esto queda evidenciado que se trató de marcar un periodo de tiempo vacío y sumamente confuso ya que los grandes personajes de este segundo Ciclo no tienen ni fecha de nacimiento ni fecha de muerte, es como si se hubiese tratado de borrar el tiempo y la historia y más grave aún, en este segundo Ciclo se contó el tiempo a la inversa como si se tratara de alejarnos aún más del origen borrando totalmente de la mente colectiva la noción del tiempo. El Ciclo o Era de las Monarquías es la manifestación más evidente de la manipulación tanto del tiempo como de la historia. Ocultar el tiempo y dislocar la historia se hace con el objetivo expreso de ocultar la trascendencia de algunos hechos y de algunos personajes de dicha Era con un doble fin: primero, implantar y proyectar un nuevo orden en sustitución de los modelos Monárquicos, especialmente en el ámbito religioso, y segundo, ocultar el verdadero origen de la humanidad.

El 1850 es un número mágico a través del cual se puede medir tanto el primer Ciclo como el segundo con un margen de error muy mínimo en ambos Ciclos, Ejemplo: el primer Ciclo que comienza con Caín y Adán incluyendo a Abraham al cual se le cuentan 2071 años, luego el segundo Ciclo que comienza a partir de la emigración de Abraham a Mesopotamia hacia el 1850 más los 178 años que supuestamente vivió Isaac su hijo hasta Jesús el hijo de María que son nada más y nada menos que 2028 años. Ahora bien, yo me pregunto y es la gran pregunta: ¿Cómo es posible que el autor Bíblico se inventara este número de 1850 con el cual se marcaron dos grandes Ciclos de más de 2.000 años cada uno y al mismo tiempo, con dicho número se pretendió fraccionar, dislocar y ocultar tanto el tiempo como la historia de más de 4.000 años?

De la forma en que están redactados los hechos y la manera de dislocación del tiempo, es sin dudas un indicativo claro de que todo se esto fue un plan muy bien elaborado, ya que si no se ocultaba el tiempo y se dislocaba la historia no era posible proyectar determinada figura en el ámbito religioso. No hay dudas de que la Era de Las Monarquías haya sido el Ciclo de tiempo más confuso de la humanidad. 2028 años a partir de Isaac el hijo de Abraham hasta el inicio de la llamada Era cristiana. <u>Con la dislocación y conteo a la inversa de estos 2028 años se secuestró la capacidad de inteligencia de la humanidad para que esta no pudiera jamás alcanzar definir su verdadero origen como especie humana. Aquí está la clave de la gran confusión en que ha vivido la humanidad por miles de años.</u>

3er. Ciclo: Era Cristiana o Constantiniana: Ultimo corte al tiempo.

Era Constantiniana llamada "Era cristiana." Dicha Era se inicia con tiempos confusos en lo que se señala que Jesús nació el año 6 antes del año 1 y luego, que las siete primeras décadas de dicha Era transcurrieron de manera confusas ya que los acontecimientos tuvieron lugar en tiempo aproximados, e incluso, el mismo nacimiento y muerte de Jesús de lo que no se tiene certeza de cómo y cuándo ocurrieron. Jesús supuestamente nació hacia el año 6 antes del años primero, pero no se sabe en qué año murió. Dice que en tiempo de poncio Pilato, pero no se sabe en qué año. A ciencia cierta, no se está totalmente seguro de que los años que vivió Jesús fueron 33 ó 39, pues aún no se sabe con certeza ya que no se tiene ninguna seguridad sobre los acontecimientos, pareciera como si no existieran registros que den fe exacta de los hechos. En los relatos solo se usa la palabra "hacia el año tal."

La misión genuina de Las Naciones Unidas deberá ser siempre, el servicio transparente a los sagrados derechos de la humanidad los cuales están por encima de cualquier protocolo de poder. La verdadera esencia de las Naciones Unidas consiste en hacer que se establezca el orden armónico en que ha de convivir la especie humana ya que la armonía colectiva es la base fundamental donde se engendra, reside y emana la paz, que sin dudas es el bien más sublime entre el género humano y su creador.

El espíritu de la justicia ha de estar por encima de cualquier circunstancia cualesquiera que fuere al tiempo que ha de actuar de manera independiente e imparcial apegada de manera irrestricta solo a la verdad sin distinción ni privilegios. Solamente y atreves de una acción responsable, el mundo y las generaciones futuras podrán contar con una restauración diáfana y transparente del tiempo y de la historia.

Nadie puede ni debe interferirla en beneficio propio ni mucho menos atribuirse competencia que solo a la ONU corresponden en el ejercicio pleno de sus funciones. Esta debe actuar con plena libertad y sin importar la magnitud de los hechos, el tiempo y los autores. Ha de ser diligente en su labor sin importar los riesgos y consecuencias que pudieran surgir por desavenencia.

La acción justa de la justicia no debe ni puede ser obstaculizada por ningún motivo, ni por ninguna razón, ni por ningún poder ni siquiera en el orden diplomático ya que esta está llamada a cumplir su misión sin reserva y sin importa la naturaleza del hecho, ni el tiempo ni el lugar ya que de lo contrario se convertiría en cómplice del agresor y por tanto sería juzgada con penas máximas en el tribunal supremo de la historia futura. El delito histórico no puede prescribir en el tiempo ya que esto se constituye en una conducta negativa para las generaciones futuras. Hay que sanear la historia de todo lastre del pasado de una vez y para siempre para bien de las generaciones futuras ya que estas no son dignas de heredar una conducta histórica distorsionada la cual nos haga parecer ante la historia futura como una humanidad de generaciones consecutivas de conducta salvaje, torpes e ignorantes y más aún, cuando estamos próximos a encontrarnos con otras civilizaciones existentes en el Universo con lo cual quedará definido nuestro origen como especie humana. Esta es una realidad que tarde o temprano tendremos que aceptar y quizás hasta se nos pida cuenta tanto del pasado como del presente. Es el momento preciso para concederle tanto al tiempo como a la historia su verdadera legalidad e identidad.

Como generación civilizada tenemos una responsabilidad sagrada con la historia y debemos cumplirla ahora. No olvidemos que estamos iniciando el 4to. Ciclo de la humanidad después del reencuentro; **El Ciclo del conocimiento científico y tecnológico** el cual inició en 1901. Este es el Ciclo en que se definirá y esclarecerá todo aquello que ha estado oculto por miles de años.

Demando de los honorables tribunales de esta generación a que se proceda de inmediato a un saneamiento de la historia para que en lo adelante esta quede libre de todas iniquidades cometidas contra ella. Os pido una condena en contumacia para todos aquellos que se prestaron para tal distorsión comenzando con el Emperador Constantino y luego con el Emperador Teodosio y a todos aquellos serviles lacayos suyos que se prestaron para construir la falsa más gigantesca que haya conocido la humanidad. Crearon un Dios, a ese Dios le crearon una Religión (el cristianismo) y le construyeron una historia plagiando a los Dioses de la antigüedad y luego lo impusieron a sangre y fuego y con ello crearon 2.000 años de ignorancia colectiva.

Es justo que se haga un juicio justo en nombre de la verdad, de lo contrario, el sagrado tribunal de la historia tarde o temprano lo hará. Si pretendemos presentarnos ante las generaciones venideras como una generación civilizada tenemos primero que sanear la historia acontecimiento por acontecimiento por encima de cualquier frontera ya sea político, cultural o religioso.

Se ha de restaurar la historia aunque para ello sea necesario estremecer los cimientos de los más imponentes imperios de la tierra. Es hora de que resuenen los tambores, clarines y trompetas de la justicia anunciando la verdad, verdad que se ha de escuchar en los confines de la faz de la tierra proclamando el nacimiento de una nueva Era en la cual se han abierto las puertas del conocimiento para nuestra generación, máximo legado para las generaciones futuras.

En el caso de que por alguna razón no tengamos el valor de hacer una restauración justa y civilizada tanto del tiempo como de la historia, que por lo menos tengamos la osadía de cambiar el término: antes y después de Cristo y que en lo adelante se use: antes y después del MITO.

Según los datos, la humanidad que conocemos data de 6117 años a partir de la presencia de Caín y Adán en la tierra hasta nuestros días. Quiero que quede bien claro, que solo estoy tomando los últimos 6117 años porque es este periodo de tiempo el que nos permitiría recopilar y luego ensamblar los mayores acontecimientos de la historia. Antes de que ocurriera este acontecimiento existieron otras humanidades con niveles de inteligencias superiores.

La presente acción es un deber que nos asiste a todos como humanidad civilizada ya que es un mandato que emana de fuerzas superiores que están por encima de todas las posibilidades de cualquier mortal y no hay forma de eludir. Yo no hago más que discernir y tratar de cumplir como criatura del universo y ciudadano del mundo con dicho deber.

La verdad es la antorcha que ha de iluminar el futuro de la humanidad en los días venideros y ningún sistema o institución por más poderes y privilegios que se haya atribuido podrá estar por encima del orden y armonía que ha de venir en favor de toda la humanidad de generación en generación.

¿Por qué y a quién he de temer, si frente al supremo creador hasta las fuerzas que rigen el Universo se han de postrar obedientes ante él?

Ningún mortal de este mundo será capaz de impedir el establecimiento del justo orden que ha de venir para armonizar la especie humana con todo el Universo.

Solo la luz de la verdad, del conocimiento y de la sabiduría han de resplandecer e iluminar desde ahora y para siempre los senderos de la paz y la armonía, senderos que han de transitar sin traumas las generaciones futuras por toda la eternidad.

Las leyes del Universo son exactas, absolutas e irreversibles y ningún poder existente aún en el más allá podrá revertirlas. Se estrellarán contra la verdad de la justicia todas formas de manipulación colectiva y caerá sobre ellos todo el peso invencible del conocimiento y la sabiduría. Se proclamará la restauración justa del tiempo y de la Historia y nacerá la Nueva Era: **El Ciclo del Conocimiento Científico y Tecnológico.**

Juan de Dios Cabral
21 de Enero 2018

TRATADO-VI

CARTA ABIERTA A LAS NACIONES UNIDAS

Al Señor Antonio Guterres,
Secretario General de las Naciones Unidas.
Extensiva:
A la Organización para la Educación, las Ciencias y la Cultura
(UNESCO)
A la Organización Internacional de los Derechos Humanos.
A los historiadores y antropólogos.
A la comunidad Internacional.
Honorables Embajadores, Magistrados, Magistradas y académicos:

Distinguidos Honorables, tengo el honor de dirígeme a ustedes con el fin expreso de presentarle mi humilde propuesta con relación a la restauración lineal del tiempo y de la historia, como sabrán, tanto el tiempo como la historia resultan totalmente incompletos y muy confusos puesto de que por razones subrepticias han sido trastocados en múltiples ocasiones, especialmente, los dos primeros Ciclos o Eras a los cuales se le dieron innumerables cortes, e incluso, se contó a la inversa un periodo de tiempo de más de 2.000 años (el periodo de Las Monarquías) algo que resulta inconcebible para una especie de humanos que se considere civilizada. En dicho periodo, el tiempo se contó a la inversa, o sea, de arriba hacia abajo como si en esta Era el tiempo hubiese marchado en retroceso, aparte de que a la mayoría de los grandes personajes no se le conto los años vividos. Esto fue una

197

jugada magistral para de ese modo secuestrar tanto el tiempo como la historia logrando así que el ser humano no pudiera tener jamás ni siquiera noción de su origen. Creo que no resulte tan difícil deducir cuando se cometió esta barbarie y quienes fueron sus autores.

Señores honorables, han transcurrido tres grandes Ciclos a partir de Caín y Adán hasta el 1901 y que a continuación le presento:

1ro. __Ciclo o Era del reencuentro__ que se inicia con la presencia de Caín y Adán y que comienza en el año en que Adán engendra a su hijo Set que lo engendra a su imagen y semejanza la edad de 130 años de su vida. Dicho Ciclo se extiende hasta Abraham y va a tener un periodo de duración de 2071 años.

2do. __Ciclo o Era de Las Monarquías__ que inicia hacia el 1850 tiempo de Isaac el Hijo de Abraham y concluye con el inicio de la llamada Era cristiana que va a tener una duración de 2028 años. 1850 más 178 años que vivió Isaac igual a 2028.

3ro. __Ciclo o Era cristiana__ que comienza en el supuesto año 1 y se extiende hasta nuestros días aunque debió terminar en el año 1901. A este Ciclo se le están contando 2018 años.

La suma de estos tres Ciclos es igual a 6117 años a los que no se le deben contar más de 2.000 años por ciclo, por lo que los 117 años sobrantes corresponden a una nueva Era la cual se ha de llamar:

4to. __Ciclo del Conocimiento Científico y Tecnológico__ el cual inicio en 1901.

Honorables Embajadores, Magistrados y académicos, el Ciclo de la llamada Era cristiana finalizo en el año de 1901, precisamente, fecha en que se cumplieron justamente los primeros 6.000 mil años de la presencia en la tierra de la humanidad que hoy conocemos, por lo que es necesario se provea a la humanidad de un proyecto de historia lineal y continua sin ningún tipo de alteración, una historia que indique el recorrido de la especie humana por lo menos de los últimos 6.000 años. Sé que no será fácil ya que para ello habría que romper con algunos intereses oscuros que por miles de años han manipulado tanto el tiempo como la historia de generación en generación y que la humanidad ha tenido que aceptar sin cuestionamiento alguno. Solo a partir de un proyecto de restauración de la historia de manera lineal *y continua la humanidad podría reencontrarse con sus verdaderos orígenes por lo que de manera encarecida apelo a la sensatez de los Organismos ante señalados ya que son ustedes los órganos de máxima representante de la comunidad Internacional y en sus manos descansa la correcta definición de la conducta histórica de la humanidad por lo que sin más demora se ha de dictar una resolución que ordene la restauración justa de la historia al tiempo que se ha de dictar una sentencia proclamando el 4to. Ciclo o Era de la humanidad el cual inicio formalmente en 1901 y que se ha de llamar: **Ciclo del Conocimiento Científico y Tecnológico.***

Si vosotros así os proclamáis seréis reconocidos y coronados con Olivos y Laureles por toda la eternidad de generación en generación y sus nombres serán plasmados en tablas de bronces mientras exista la humanidad. Si vosotros no lo proclamáis lo proclamareis yo aunque solo sea yo el único que lo proclame.

Juan de Dios Cabral
Agosto 8 de 2018

Tratado anexo.

TRATADO-VI

PROCLAMA DEL CICLO DEL CONOCIMIENTO CIENTÍFICO Y TECNOLÓGICO (Nueva Era)

Para referirnos a la humanidad de manera correcta primero tenemos que partir de un punto concreto, o sea, el punto donde se originan dos líneas paralelas; una línea llama tiempo y la otra llama historia, ambas líneas están estrechamente unidas por una cadena de acontecimientos que vienen entrelazados desde el principio hasta nuestros días y que no pueden ser contable el uno sin el otro. En la actualidad no contamos con una cronología que nos indique de manera exacta el punto de partida tanto del tiempo como de la historia, solo disponemos de ciertos fragmentos de historia que nos ofrecen mínimamente algunas informaciones sobre acontecimientos del pasado, pero que tales fragmentos son básicos para encontrar el punto de partida de nuestro origen como especie. Es fundamental para la humanidad encontrar dicho punto ya que sin historia continua y sin tiempo lineal no tendremos jamás ni siquiera noción de lo que somos como especie.

La historia de la humanidad ha tenido grandes vacíos, por ejemplo: los distintos cortes que se le dieron en los primeros 2071 años, es decir, el primer Ciclo que va desde Caín y Adán hasta Abraham si fue que existieron, y luego la dislocación del tiempo con lo cual se ocultó la historia de los grandes personajes de la Era Monárquica. En este segundo Ciclo se manipulo el tiempo de manera irracional con el fin expreso de que la humanidad no tuviera ni siquiera noción de su origen, es más, hasta se contó el tiempo a la inversa, y aun peor, se cometió la osadía de no asignarle tiempo real a los grandes acontecimientos ni a los grandes personajes de dicho ciclo. En dicha Era no se hizo constar ni siquiera los años que vivieron estos personajes, es decir, que durante el periodo de las Monarquías tanto el tiempo como la historia fueron trastocados de forma muy extraña. Es muy probable que tal manipulación ocurriera en el Ciclo posterior, o sea, en el Ciclo de la Era cristiana y si ocurrió así se incurrió en el más grave de los crímenes cometidos contra la inteligencia de la humanidad.

He analizado de manera correcta la cronología del Ciclo o Era Monárquica y he podido determinar que esta cuenta con un periodo tiempo de 2028 años, por lo que queda claro que alguien pretendió deliberadamente ocultar tanto el tiempo como la historia. Quizás pudo haber sido con el objetivo de ocultar el verdadero origen del ser humano para así poder proyectar alguna figura de conveniencia particular, especialmente en el orden religioso.

La historia es el instrumento que nos permite determinar adecuadamente la línea recta del tiempo, si no hay una relación justa de los acontecimientos transcurridos se hace difícil ordenar el tiempo debidamente, no obstante, a partir de un profundo análisis y de una investigación exhaustiva sobre algunos textos de las escrituras Bíblicas he podido descifrar una cronología exacta correspondiente a los dos primeros periodos de tiempo de la humanidad y estamos hablando, precisamente de la Era de Caín y Adán hasta los inicios de la Era cristiana, o sea, el primer periodo comprendido desde Caín y Adán hasta Abraham y un segundo periodo que va desde Isaac el hijo de Abraham hasta Jesús el hijo de María, que por cierto es este el periodo de tiempo más confuso de la historia ya que es un tiempo en la que se ocultaron los principales acontecimientos imposibilitando de este modo que se pueda descifrar con exactitud el tiempo real transcurrido durante dicha Era, gracias a la complejidad con la que fueron redactados los textos Bíblicos.

Para determinar el tiempo real aproximado de la permanencia del ser humano en la tierra hemos hecho un análisis a partir del acontecimiento de la llegada de Caín y Adán al planeta tierra, que por cierto, es este un acontecimiento que está más o menos definido en el libro del Génesis cap.4 vs. 17-22 y cap.5 vs. 1-32 así como el cap.6 v.2 a lo que se le podría llamar: "inicio del reencuentro interhumano" ya que a la llegada de estos dos personajes el planeta estaba habitado por pequeñas tribus de humanos y que tanto Caín como Adán se integraron a diferentes tribus y luego se casaron con mujeres procedentes de respectivas tribus.

1ro. *Caín se casa y engendra descendencia al tiempo que construye una ciudad y la dedica a su primer hijo, Henoc. Gen.4, 17.*

2do. *Adán conoce a su mujer Eva procedente de la raza salvaje y con ella engendra descendencia comenzando con Set su primer hijo que lo engendra a su imagen y semejanza. Gen. 5; 3-4.*

3ro. *Los supuestos hijos de Dios que descendían a la Tierra para engendrar descendencia con las hijas de los hombres. Gen.6; 1-4.*

A partir de estos acontecimientos queda demostrado claramente que a la llegada de Caín y Adán a la tierra ya existía humanidad aunque en condiciones salvajes y en muy mínima proporción. No podemos perder de vista que en el relato de Caín nos encontramos con un dato de suma importancia y es el siguiente: según el texto **"Caín fue desterrado y allá en el destierro se casó y con honor a su primer hijo Henoc construyó una ciudad."** *Si Caín se casó y luego construye una ciudad, significa que existía humanidad. Del mismo modo, Adán conoció a Eva en la selva (Jardín del Edén) luego se unió a ella y engendró a su hijo Set a su imagen y semejanza, es decir, hijo legítimo. Esta es una prueba de la existencia de otro grupo de humanos a la llegada de Caín y Adán a la tierra, lo que es probable que llegaran por separado. Según el relato, es evidente que estos dos grupos o tribus vivían en Tribus separadas al tiempo que tenían una organización social y un nivel de desarrollo diferente. Caín se casa y construye una ciudad mientras que Adán permanece desnudo junto a*

Eva allá en la Selva llamada Jardín del Edén que por lo que parece, el supuesto Adán no hizo más que difamar de Caín, de Eva y hasta de la serpiente.

*Es a partir de aquí que se comienza a medir y a contar el tiempo aunque de manera irregular ya que se contó en fracciones tal y como le pareció a Adán y todos sus descendientes si es que fueron ellos que se inventaron este sistema de contar el tiempo de este modo, o sea, a través de los años que vivió cada personaje o descendiente principal. El tiempo transcurrido anterior a estos personajes hay que considerarlo como tiempo cero ya que no contamos con datos específicos que apunten más allá de la presencia de Caín y Adán. Los primeros datos cronológicos hay que tomarlos en cuenta a partir de los 130 años que tenía Adán cuando engendro a su hijo Set y luego continuar la secuencia según el relato y de acuerdo a los años que tenía cada descendiente cuando engendró al descendiente siguiente hasta completar las 21 primeras descendencias hasta Abraham. Un dato importante que podría ayudar a descifrar este ciclo es, que la misma Biblia nos dice que Abraham emigro a Egipto hacia el 1850 Gen. 12,10-20. Esta primera Era o Ciclo va a contar con un periodo de duración de **2071** años y la hemos llamado: **1re. Ciclo o Era del reencuentro interhumano.***

Si en verdad Caín fue el primer hijo de Adán ¿Por qué no se siguió la secuencia de la descendencia con Caín, sino que se continuo con Set que fue supuestamente su tercer hijo?

¿Por qué Adán engendra a Set su tercer hijo a su imagen y semejanza, no así a Caín y Abel que fueron supuestamente sus primeros hijos? Este es un signo claro de que ni Caín ni Abel eran sus hijos.

El segundo Ciclo inicia con Isaac el hijo de Abraham el cual se va a extender hasta Jesús el hijo de María la Esposa de José. Este Ciclo lo hemos descifrado a través de la genealogía de Jesús al que Mateo le asigna 42 generaciones continuas a partir de Abraham. Este fue el Ciclo donde se fundaron y se desarrollaron los Imperios más poderosos de la tierra al tiempo que se establecieron las más imponentes Monarquías. Es el Ciclo en el que surgieron grandes *personajes, tales como: Reyes, Faraones, Arquitectos, Emperadores, Filósofos, Astrónomos, Médicos, Oradores, escultores y Matemáticos entre otros, pero resulta que a ninguno se le cuentan los años que vivió. Debió contarse los años del mismo modo que se hizo en la Era o Ciclo anterior. Es extraño que el conteo del tiempo en este Ciclo se hiciera a la inversa como si el tiempo marchara en retroceso. Es una evidencia de que tanto el tiempo como la historia fueron vilmente manipulados. Cuando calculamos los 1850 de la Emigración de Abraham hacia Canaán, más los 178 años que vivió Isaac su hijo tenemos que concluir que este Ciclo tuvo un periodo de duración de **2028** años y lo hemos designado: **2do. Ciclo o Era de las monarquías.***

*El tercer Ciclo de tiempo va a iniciar en el año 1ro. A partir de la supuesta fecha de nacimiento de Jesús el hijo de María la esposa de José y se va a extender hasta el año de 1901 que es el periodo conocido como "Era Cristiana o Constantiniana" y que aun todavía, quizás por conveniencia o desconocimiento de la historia, la continuamos llamando, **Era Cristiana.***

El cuarto Ciclo tiene sus inicios en el año 1901 que es efectivamente el tiempo justo en que se cumplen los 2000 años correspondientes al Ciclo de lo que se ha llamado "Era Cristiana."

*El nuevo Ciclo o nueva Era hace 117 años que comenzó, precisamente en el 1901 al cual le hemos llamado: **Ciclo del conocimiento científico y tecnológico.***

En resumen:

1re. Ciclo o Era del Reencuentro: *2071 años a partir de Caín y Adán hasta Abraham contando el tiempo a partir de los años que tenía el descendiente principal cuando engendro al siguiente descendiente.*

2do. Ciclo o Era de las Monarquías: *2028 años a partir de Isaac el hijo de Abraham hasta Jesús el hijo de María. Suponiendo que el 1850 fue el año de la emigración de Abraham a Canaán y que es a partir de aquí cuando se comenzó a contar el tiempo a la inversa más los 178 años que vivió Isaac.*

3er. Ciclo o Era Cristiana o Constantiniana: *2018 a partir de Jesús el hijo de María hasta el 1901.*

4to. Ciclo del Conocimiento Científico y Tecnológico: *a partir del 1901 hasta nuestros días 2018.*

$2071+2028+2018=\mathbf{6117}$ *años.*

Si restamos los años sobrantes de cada ciclo vamos a tener el siguiente resultado:

$71+28+18=\mathbf{117}$ *con lo cual concluimos lo siguiente:*

117 años que corresponden a un nuevo Ciclo.

Si sumamos los años de los dos primeros ciclos vamos a tener: $2071+2028=\mathbf{4099}$ *que es exactamente la fecha en que comienza la Era cristiana o constantiniana la cual va a terminar exactamente en 1901. O sea, que si esta inició en el 4099 más 2018 es igual a* $\mathbf{6117}$, *si al 2018 le restamos 117 que es el restante de los tres ciclos anteriores el resultado va a ser* **1901.** *Es lógico que los 117 años restantes corresponden al nuevo* **Ciclo del Conocimiento Científico y Tecnológico.**

A partir de la presencia de Caín y Adán en la tierra se han cumplido tres ciclos completos de 2,000 años cada uno, más 117 años que corresponden al cuarto ciclo el cual inició en 1901.

Da vergüenza decirlo, pero el secuestro tanto del tiempo como de la historia ha sido el mayor de los crímenes cometido contra la humanidad y nuestra identidad como especie.

La humanidad está en su justo derecho de reclamar una historia justa que indique de manera correcta el tiempo lineal y continuo. Se ha abusado de manera flagrante tanto de la inteligencia como de la ignorancia. Manipular el tiempo y la historia no ha sido más que un vil secuestro de nuestro origen como especie.

Por lo que consideramos lo siguiente:

Considerando: que cada Ciclo consta de un periodo tiempo de 2.000 años y que sin embargo al Ciclo correspondiente a la Era Cristiana se le están contando 2018, o sea, 117 años de más.

Considerando: que hace 117 años que entramos en un nuevo periodo de tiempo y que aun continuamos con la mentalidad de que vivimos en la llamada Era Cristiana a pesar de que dicha Era o Ciclo terminó en el 1901.

Considerando: que por ser La Organización de las Naciones Unidas la representación genuina de la comunidad Internacional y que por estar revestida de poder y facultad suficiente, no podrá hacer otra cosa que no sea, legislar en función del orden mundial siempre y cuando se trate del bien común Universal.

Considerando: que la humanidad no puede ni debe continuar viviendo un orden de tiempo impreciso e inconcluso, por lo que dicha Institución con la facultad que la humanidad le ha conferido deberá declarar y anunciar el final del Ciclo de la Era Cristiana y proclamar como en efecto proclamará la entrada en vigencia de la nueva Era que se llamará: **Ciclo del Conocimiento Científico y Tecnológico**

<u>**Honorables embajadores**</u>:

El tiempo en sentido filosófico es abstracto y neutral ya que es esencialmente intangible a pesar de que se materializa en todo cuanto existe, especialmente en los acontecimientos históricos. El tiempo no tiene carácter político ni religioso, ni puede, ni debe responder a intereses de ningún grupo en particular, ni ser manipulado en favor de sistema o doctrina alguna con el fin de que este responda a los intereses de parciales.

El tiempo se convierte en acciones y se manifiesta en la multiplicidad de la vida colectiva. Se personifica y materializa en cada hecho de la historia constituyéndose así en la esencia misma de la existencia universal ya que es la máxima expresión de armonía del creador en íntima relación con todo lo creado.

<u>**Honorables embajadores:**</u>

De ustedes depende el que se establezca a partir de ahora el orden del tiempo justo y de la historia continua que ha de regir el nuevo **"Ciclo del Conocimiento Científico y Tecnológico"** a menos que se pretenda continuar regido por el orden establecido de manera irregular desde hace más de dos mil años.

<u>**Honorables embajadores**</u>:

No hay porque temer a la secularización del tiempo, de hecho es secular ya que a todos nos afecta del mismo modo creyentes o no creyentes ya que todos existimos de la misma manera y al mismo tiempo y en el mismo espacio. Es un imperativo categórico el que se efectúen cambios que favorezcan la convivencia y el desarrollo de la sociedad de manera armónica, por lo que se demanda de manera urgente la definición y restauración real del tiempo y de la historia.

Honorables embajadores:

Es responsabilidad de esa honorable Institución legislar sobre asunto como este el cual tiene una profunda incidencia global y que es determinante para la armonía y la convivencia colectiva. Una legislación en este orden tendría repercusiones trascendentales en el futuro de la humanidad.

Honorables Embajadores:

Somos una humanidad sin identidad como especie, desconocemos tanto el tiempo lineal como la secuencia continua de nuestra historia lo que impide que tengamos claro la noción de nuestro origen.

Honorables Embajadores:

No es justo que la humanidad continúe viviendo sin una cronología clara del tiempo y de la historia como si viviésemos todavía en estado salvaje.

Honorables embajadores:

Con la proclamación del nuevo **Ciclo del Conocimiento Científico y Tecnológico** la humanidad dará pasos gigantescos, y por supuesto, daremos un giro de más de 500 grados ya que comenzaremos a tener una visión diferente del mundo, del tiempo, de la historia y del ser humano como tal.

Honorables embajadores:

La historia esta sedienta y clama ante ustedes por una restauración justa, ignorarlo sería negarle al futuro la esencia misma de los grandes acontecimientos realizados por el hombre desde nuestros ancestros hasta nuestros días.

Honorables embajadores:

Vosotros sois la voz de toda la humanidad y vuestras decisiones hoy sereis la luz que iluminará a las generaciones futuras. Es una oportunidad brillante para que Las Naciones Unidas se eternice como Institución. Os aseguro vuestra perpetuidad en el tiempo y la historia ya que vosotros pondréis fin a una Era al tiempo que proclamareis un nuevo Ciclo.

Honorables embajadores:

En nombre de la humanidad y de la historia, le suplico que se dignen en considerar mi humilde petición a fin de que en lo *adelante la humanidad pueda contar con una nueva Era:* **El Ciclo del Conocimiento Científico y Tecnológico**

Os sugiero que esa honorable asamblea constituya un consejo restaurador de la historia, que revestido de honorabilidad, prudencia, pulcritud e imparcialidad provea a la humanidad de un proyecto de historia lineal y continúo como justamente debiera de ser. Si así os hiciereis prometeos que vosotros recibiréis como recompensa; el honor, la admiración, el respeto y la gratitud de toda la humanidad, tanto en el tiempo presente como en los días venideros de generación en generación.

Si así os hiciereis, el Creador os a de recompensáis y la historia os coronareis con olivos y laureles y os otorgareis los más sublimes honores que vosotros merecéis.

Si por alguna razón dicha Institución no se dignase en proclamarlo lo proclamaré yo aunque solo sea yo el único que lo proclame.

Anunciadlo y proclamadlo sin demora porque ha nacido una nueva Era en el tiempo y la historia que se ha de llamar:

CICLO DEL CONOCIMIENTO CIENTIFICO Y TECNOLOGICO

<u>**Juan de Dios Cabral**</u>
Abril 19 de 2018

Nota:

El presente libro titulado "LA SENTENCIA PROCLAMA…" está siendo enviado a las instituciones y a las agencias de mayor incidencia acompañado de un ejemplar anexo del Tratado sugerente:

A Las Naciones Unidas (ONU), a la UNESCO, a la Comisión Internacional de Los Derechos Humanos, a las cortes Judiciales, a las Organizaciones Ecológicas, biodiversidad y Medioambiente, a las distintas denominaciones Religiosas, a las agencias científicas y tecnológicas, a las academias de estudios superiores, a los medios de comunicación entre otros.

En mi condición de autor de la presente obra, autorizo la traducción a otros idiomas de todo o parte del contenido de dicha obra solo para fines educativos. No se permite ningún tipo de alteración de los contenidos ni siquiera con el objetivo de interpretación semántica o de otra índole.

Juan de Dios Cabral
(Kiwrdión)

ANEXO I

Relato del encuentro

Era exactamente la 1 de la madrugada cuando me encontraba escribiendo en el computador y precisamente escribía acerca del conocimiento sublime que es uno de los temas de mi próximo libro titulado "Decodificación del conocimiento," fue entonces que de repente me vino un terrible cansancio y un profundo sueño, de modo tal que me quedaba dormido delante del computador, me di cuenta que no era posible continuar trabajando y decidí recostarme. Pensé que esto podía ser un fuerte agotamiento y que debía descansar. Apagué el computador y me recosté en mi cama, creo que me dormí antes del minuto, de inmediato aparecieron dos personas en frente de mí vestidas de blanco como de galas. Vi que en sus rostros se reflejaba una gran quietud y una paz indescriptible. Estas personas parecían diferentes a los humanos, pero eran humanos. Si, eran humanos. El que estaba parado a la derecha levanto su mano derecha, la posó sobre mí y vi que de su mano emanaba una luz blanca violeta incandescente que iluminó toda la habitación, fue entonces que escuché una voz que dijo:
No estas dormido, levántate y acompáñanos. No temas.
Me puse de pie y les seguí, uno iba delante y el otro detrás de mí. Todo pasó tan rápido que fue como salir de la habitación y entrar a otro lugar, a un mundo desconocido. Aquello era un inmenso salón auditorio u observatorio como de cristal transparente, se

podía mirar hacia afuera por todo lado pero solo se veía inmensidad. Este gran salón auditorio tenía una dimensión como de 50 metros de altura y lo mismo de ancho con el techo superior en forma de cúpula. Vi que estaba fortificado por imponentes columnas colocadas en su interior y construidas de forma ovaladas, cada columna medía aproximadamente dos metros de ancho y separadas entre sí como a tres metros de distancia. Las columnas tenían talladas inscripciones, gráficos y dibujos en diferentes formas y colores. Vi también que en el interior de Cada columna había una concavidad en forma de arco como si fueran pequeños tronos en donde había sentadas personas. Todo el que estaba allí era humano pero con características diferentes como si se tratara de un lugar de congregación de diversidad de razas confederadas en medio del Universo.

En el centro de aquel salón auditorio había flotando un inmenso globo transparente y dentro varios globos como de 4 a 5 pies cuadrado cada uno los cuales se mantenían girando en torno de sí mismos. Estaba yo sentado en medio de un hombre y de una mujer en uno de los pequeños tronos: el señor de mi derecha vestía de purpura; de piel, pelo y barba blanca, mientras que la mujer de mi izquierda vestía de blanco; pelo negro, piel marrón y rostro redondeado, parecía una princesa.

En frente de mí había un globo pequeño el cual tenía un aspecto gris. Vi que de algunas zonas derramaba como un líquido negro y también vi que tenía zonas amarillentas y zonas desérticas. Próximo a este había otro de color plateado con manchas oscuras. Noté que estos dos eran totalmente diferentes a los demás ya que ninguno tenía características semejantes a las de estos.

De repente entraron dos jóvenes; varón y hembra, ambos vestían de azul. La joven traía en sus manos una bandeja cubierta con un manto blanco mientras que el joven traía en sus brazos varios rollos o pergaminos. Ambos se acercaron poniéndose en frente de las dos personas que estaban junto a mí, estos se pusieron de pie y con ellos todos los que estaban allí. La joven quitó el manto de encima de la bandeja y la mujer de mi izquierda tomó un kipula azul, (gorro azul) lo colocó sobre mi cabeza y dijo:

Sea contigo la unidad, la paz y el amor universal.

Luego tomó los otros dos, uno blanco y otro purpura y lo puso sobre mis manos, tocó mis hombros con sus manos y me miró fijamente como si con este gesto me ofreciera su aprobación o confirmara lo antes dicho. Luego se acercó el joven, se colocó en frente del señor de mi derecha y le entregó los rollos, el señor me miró, tomó mi mano derecha y dijo:

Lleva contigo esta antorcha. Sé justo. Amas la sabiduría.

Tomó los rollos, los puso en mis manos y continúo diciendo:

No temas, ya comprenderás. Haz lo que haces y después haz lo que deberás hacer.

Los jóvenes se marcharon y yo pregunté a las personas que estaban a mi lado:

¿Por qué a mí el honor de tal distinción?

Ellos se miraron y caminaron junto a mí...se detuvieron un instante y el señor me tocó con su mano el hombro derecho y dijo:

Kiwrdion, hijo de las estrellas, ha sido visto con agrado desde tiempos inmemoriales. Tu lema no tiene fronteras. Busca tu fuerza en las fuentes inagotables de la verdad y el conocimiento. Sé firme, nadie te tocarás...

Guardó silencio, miró hacia el globo y terminó diciendo:

...y ten presente, es también nuestra causa.

Estuve allí no sé por cuanto tiempo, pero esto fue lo que *vi* y *oí* entre otras cosas que me fueron reveladas y que daré a conocer en su momento.

Al día siguiente me desperté muy confundido y en honor a la verdad, aquello me causó un profundo sentimiento de angustia ya que por más que analizaba este hecho no le encontraba lógica, es más, estaba tan confundido que no sabía si considerarlo una realidad que parecía un sueño o un sueño hecho realidad. Esto ocurrió el 30 de octubre del 2013, mes y medio después de haber publicado mi libro titulado, NI CREACION NI EVOLUCION que por cierto, el tema IV (codificación del tiempo) fue escrito por mandato desconocido, además, una muestra evidente pero aún desconocida de la cual hago referencia en el tema VI de dicho libro. No habían pasado dos meses de este acontecimiento cuando comencé a recibir mensajes de origen no determinado sobre el contenido de aquellos rollos que se me habían entregado en dicho encuentro los cuales están expresados en unas series de diseños de ultra tecnología, ósea, tecnología multidimensional, entre ellos: <u>mapas de ciudades, campus magnéticos, campus satelitales, campus temporizador, códigos, símbolos e imágenes de compresión no definidas entre otros.</u>

Notas: Con el presente relato solo pretendo mostrar literalmente la realidad de los hechos de manera tal, que uno demuestre la veracidad de lo otro.

Les aseguro que desde aquel momento jamás me he sentido solo, por lo que ansioso espero se repita en mi tan excelsa experiencia.

Creo firmemente que la verdad y el conocimiento son absolutos e infinitos como el Universo, y aunque parte de la humanidad no los conozca no por eso dejan de ser universales.

Si esta es mi misión la cumpliré sin reservas.

<u>**Juan de Dios Cabral**</u>
(Kiwrdion)
Nov. 15, 2013

ACTA DE ALIANZA

Este relato no es más que un acto solemne donde están expresados los elementos fundamentales que sellan una alianza.

1ro. *LA ELECCION:*
"Levántate y acompáñanos. No temas."
2do. *LA BENDICION:*
"Sea contigo la unidad, la paz y el amor universal."
3ro. *EL ENVIO:*
"Lleva contigo esta antorcha."
"Anda, ya comprenderás..."
4to. *LA ASIGNACION DE NOMBRE:*

"Kiwrdión"
5to. LA ACEPTACION:
¿Por qué a mí el honor de tal distinción?
6to. EL RECONOCIMIENTO:
"Ha sido visto con agrado desde tiempos inmemoriales."
"Tu lema no tiene fronteras."
7mo. LA MISION:
"Haz lo que haces y después haz lo que deberás hacer."
8vo. RECOMENDACIONES:
"Sé justo y amas la sabiduría."
"Busca tu fuerza en las fuentes inagotables de la verdad y el conocimiento. Sé firme."
9no. UNIVERSALIDAD DE LA ALIANZA.
"Hijo de las estrellas." Así como: *"unidad, antorcha, amor, tiempos inmemoriales, sin fronteras, justicia, causa, sabiduría, conocimiento, verdad y fortaleza."*
10mo. LA PROMESA:
"Nadie te tocarás... es también nuestra causa."

Juan de Dios Cabral
(Kiwrdión)
Nov. 15, 2013,

ANEXO II

Relato del Recipiente

Días después del Encuentro fui llevado de nuevo como por un viento huracanado a otro lugar desconocido. Estando allí en lo más alto de un cerro, vi que al pie del cerro había un pequeño valle y a la orilla del valle un inmenso abismo. Todo era como en medio de la nada y fue entonces cuando escuche una vos en forma de eco que dijo: **Kiwrdion.**

Y yo respondí: **Heme aquí.**

Y me dijo: **levanta la Mirada y observa al otro lado del abismo, ahí encontrarás el recipiente del conocimiento y la sabiduría. andas hacia allá, poséelo y llévalo contigo.**

Levanté la mirada por encima del abismo y a lo lejos vi una ciudad resplandeciente. Bajé del cerro y caminé por el pequeño valle hasta el borde del abismo, de repente apareció una gigantesca serpiente como si hubiese salido del abismo, ferozmente se balanceo hacia mí, no tuve más alternativa que disponerme para enfrentar a la más astuta, aguerrida y aterradora fiera que jamás hubiese soñado. Levanté mi mano derecha y vi que de mi mano brotaba una antorcha con llamas fulgurantes. Extendí mi brazo hacia la serpiente azotando su rostro con la llama de la antorcha que brotaba de mi mano, salté sobre ella tomándola por el cuello con mi brazo izquierdo como si la estrangulara *y le dije:* **ningún viviente probará mi sangre porque morirá.** *Le tomé la cabeza con mi mano derecha y escuché que sus rugidos retumbaban hasta el fondo del abismo al tiempo que se expandían por la inmensidad del horizonte. Mientras luchaba con aquella temible fiera vi que como tormenta electrizante no cesaba de relampaguear en aquel lugar. Luego de esta intensa batalla le dejé allí tendida al borde del abismo. Me aparté de ella y miré de nuevo al otro lado del abismo y vi que se entrecruzaban con gran intensidad enormes destellos de luces radiantes. Me acerqué de nuevo a la serpiente que yacía inmóvil, me agaché y la lancé al abismo. Vi que se endureció como el bronce bruñido extendiendo su cola hasta el otro lado como si flotara por encima del abismo. Caminé velozmente sobre su cuerpo hasta cruzar el abismo, luego vi que se hundía desapareciendo en la infinidad de aquel abismo.*

Me dirigí hacia un imponente templo o capitolio que estaba en frente de mí y ya en el portal principal vi que el interior de aquel inmenso templo resplandecía iluminado por un concierto de luces indescriptibles. Era aquí la morada del Recipiente. Allá en el fondo había una bóveda transparente en donde estaba el recipiente rodeado de luces brillantes que surgían en forma de hondas y burbujas luminosas que emanaban desde su interior. Brillantes y avecillas no cesaban de girar en su entorno. Atónito contemplaba yo aquella maravilla, pero de repente me interceptó un escorpión gigante con cabeza como de hombre, sus tenazas median más de dos metros y su cola más de tres metros de largo. Sentí como si a mi brazo izquierdo se le ciñera un pesado escudo de bronce, levanté mi brazo derecho y vi que se encendió de nuevo en mi mano derecha una densa llama de fuego mientras que el monstruo bruñía amenazante. Extendí mi mano y le azoté el rostro con la llama que emanaba de mi mano y este se postro obediente frente mí. Con mis pies sostuve sus inmensas tenazas, pero de repente levantó su cola en forma de arco lanzando su aguijón sobre mí. Le tomé la cola con mis manos y clavé en su cabeza el aguijón que llevaba en la punta de su cola hasta que lo vi perecer abatido por su propio veneno. Miré hacia donde estaba colocado el recipiente y escuché de nuevo la voz que me dijo:

No te detengas, toma el Recipiente y llévalo contigo. *Extendí mis manos y sentí que mis brazos se alargaron. Tomé el Recipiente mientras que el relampaguear de luces era cada vez más intenso de manera tal que se podía escuchar en medio del silencio un sonido como de arpas, trompetas, violines y flautas a ritmo celestial que surgía de todas partes. Entonces escuché de nuevo la voz que me dijo:* **Tienes en tus manos lo que nadie ha tenido jamás. Venciste monstruos. Contemplaste y caminaste sobre el abismo. Haz llegado donde ningún mortal ha llegado jamás. Posees la antorcha que destruye todas tinieblas.Ve y esparce por el mundo de lo que has sido testigo.**

Yo pregunté: **¿Quién me envía?**

Me respondió: **En el Recipiente encontrarás toda repuestas, justo lo que deberás saber.**

Me dirigí hacia afuera hasta el borde donde terminaba el abismo, miré hacia el otro lado de donde había venido pero no se veía el otro lado porque todo estaba cubierto por unas tiniebla inmensas, era como entrar al mundo de la nada. Elevé el recipiente y vi que de este brotaron infinitos rayos de luces incandescentes que se esparcían por el horizonte hasta más allá de las estrellas. Las tiniebla desapareció y vi que el abismo también había desaparecido, de nuevo escuché la voz que venía de la inmensidad que me dijo:

Te ha sido dado el poder para descifrar el pasado, definir el presente y discernir el futuro. Contigo sea la paz.

Elevé la mirada hacia el horizonte y vi que el cielo se abrió y desde allí emanaba una fuente de luz blanca violeta que como un sol se posó sobre mí al tiempo que se esparcía por toda parte. Extendí mis brazos y exclamé: **Que se cumpla según lo establecido.**

En aquel instante sentí que soplaba sobre mí una suave brisa que venía de todas partes y que lentamente me fue llevando, mientras yo ceñía entre mis manos **el Recipiente,** *el cual llevaré conmigo hasta la eternidad.*

Esto me fue revelado tal y como esta descrito, por lo que doy fe y testimonio de que es una verdad demostrable.

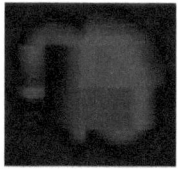

Recipiente del conocimiento y la sabiduría.

Juan de Dios Cabral
(Kiwrdión)
2/21/2014

ANEXO III

Decreto de Autenticidad

Quien suscribe:
Juan de Dios Cabral.
Criatura del Universo y como todos Ciudadano del Mundo.
Por lo que doy fe y testimonio de que todos y cada uno de los conceptos
expresados en los presentes tratados, palabra por palabra, han sido
redactados bajo la absoluta voluntad y libertad de conciencia, impulsado
solo por la voz silente de la historia que clama la acción inmediata de
la justicia por la absoluta autenticidad y transparencia de la verdad; el
respecto a los sagrados derechos al discernimiento, al razonamiento, a la
auto determinación y a la libre expresión del pensamiento de todos los
seres humanos, tanto de los tiempos presentes como de los tiempos futuros.

Que conste de generación en generación, que con los presentes
tratados no hago más que interceder en nombre de la verdad, con el
fin de que en los tiempos venideros la humanidad pueda contar con
una historia restaurada que indique correctamente el tiempo justo,
lineal y continuo recorrido por la humanidad desde el principio hasta
el presente. Tiempo que por razones desconocidas nos ha sido negado
por miles de años a través de la dislocación de la historia.

Por lo que afirmo, decreto y Proclamo: que solo, única y
exclusivamente la humanidad se ha de reencontrar con sus propios
orígenes a través de la restauración justa de la historia, por lo que

solicito transparencia y equidad en la definición del tiempo a fin de que en lo adelante podamos contar con una historia saneada de todo latrocinios que por razones oscuras ha sido ensombrecida por miles de años. El simple hecho de habérsenos ocultado el verdadero origen significa que hubo la intención expresa de que jamás supiésemos que somos una especie Universal y que nuestro origen tuvo lugar más allá antes de que habitásemos en el planeta tierra.

Juro ante el supremo creador y ante el mundo; por mi honor, mi fe, mi dignidad y mi conciencia que no descansaré aún en el más allá hasta que la historia sea restaurada como es justo que lo sea. Si por temor no lo hiciere, me constituiría en cómplice de las más aberrantes impunidades y las más viles iniquidades que a través de los tiempos han empañado la imagen sagrada de la especie humana haciéndonos parecer una especie de humanos de conducta salvaje.

Asumo irrestrictamente y con absoluta responsabilidad la presente proclama y responderé por ella ahora y siempre, aquí y en la eternidad si fuese necesario. Si mil veces volviese a nacer, mil veces la proclamaría sin importar el tiempo, la dimensión o la circunstancia que me correspondiere. La verdad no tiene tiempo, no tiene fin, no tiene límites ni fronteras; es absoluta, es eterna.

Que conste ahora y por siempre, que mi existencia no es más que la extensión de la esencia absoluta emanada del germen que dio lugar a la plenitud de la insustancia creadora que se esparce y manifiesta de manera infinita en la multiplicidad universal de generación en generación.

A nada temo, pues, más allá del tiempo y de los límites intangibles del Universo, me aguarda la plenitud como sublime recompensa.

Juan de Dios Cabral
(Kiwrdión)
Junio 18 del 2018

ANEXO IV

Himno al Universo

Himnos a la universalidad
cante el universo en pleno,
que desborden la inmensidad,
que retumben en todos los cielos.

Al contemplar tantas grandezas
hasta el infinito se deja ver,
traducido en humanidad,
sublimidad del supremo ser.

Todo es danza y armonía
lo que es y lo que no ha sido,
todo se va creando
como el viento, como el sonido.

La nada es pura esencia,
origen y supremacía,
expresión de lo increado,
insustancia, misterio y vida.

Se esparce la sabiduría
engendrando multiplicidad.
Nada ha sido lo que no debía,
solo existe la identidad.

Venimos de la lejanía,
otros son de más allá.
El universo es ritmo, armonía,
plenitud de vitalidad.

Todo es semejanza infinita.
Jubilosa canta la creación,
hasta el silencio canta y danza
himnos de paz, unidad y amor.

Juan de Dios Cabral
(Kiwrdión)

Sept 9/2014. (Sept. 9/6113 actual)

FUENTES DE REFERENCIA

1) Wikipedia, la enciclopedia libre.
2) Biblia de Jerusalén, Desclee de Brouwer, Bilbao; Edición Española 1976.
3) NI CREACION NI EVOLUCION: Juan de Dios Cabral, Editora PALIBRIO 2013.

REFERENCIAS AUTOBIOGRAFICAS

1) LICENCIADO EN FILOSOFIA. Pontificia Universidad Madre y Maestra, 1988. Santo Domingo Rep. Dom.
2) LICENCIADO EN CIENCIAS RELIGIOSAS (Teología) 1990. Seminario Pontificio Santo Tomás de Aquino, Santo Domingo Rep. Dom.
3) SACERDOTE CATOLICO Y DIRECTOR DIOCESANO DE PASTORAL JUVENIL, 1990-1993. Diócesis de La Vega, Rep. Dom.
4) PROFESOR DE DERECHO CANONICO, 1992-1993 Pontificia Universidad Tecnológica del Cibao, La Vega Rep. Dom.
5) DIRECTOR GENERAL YMCA de República Dominicana, 1994-1995.
6) MAESTRO DE FILOSOFIA, PSICOLOGIA, ORIENTACION ACADEMICA Y ASESOR DE MONOGRAFICOS, 1995-1999. Escuela Técnica de Administración Municipal, Sto. Dgo. Rep. Dom.
7) COORDINADOR DE PROGRAMAS, 1995-1999 Ayuntamiento del Distrito Nacional, Rep. Dom.
8) DIRECTOR ACADEMICO, 1999-2001 Colegio San Elías Profeta, Sto. Dgo. Rep. Dom.

9) COORDINADOR ENLACE ENTRE EL GOBIERNO Y LAS IGLESIAS, 2001-2OO4, República Dominicana.
10) Autor de la obra: NI CREACION NI EVOLUCION 2013, New York, USA.
11) TAXISTA, 2006-2015, New York, USA.

CONCLUSIÓN

Quizás no solo sea yo el único en este planeta en conocer verdades trascendentales, ignoradas por sabios y entendidos.

Podría estar equivocado, pero equivocado o no, he descubierto y descifrado verdades que por tiempos inmemoriales han sido ocultadas a la humanidad.

Si descubrir, descifrar y desvelar tales verdades es estar equivocado, admito ante el mundo que seguiré equivocado.

Y Pueda que mi verdad no sea toda la verdad, pero es la verdad que más se aproxima a toda la verdad.